सामान्य हिन्दी व्याकरण तथा रचना

सामान्य हिन्दी व्याकरण तथा रचना

श्रीकृष्ण पाण्डेय

एम.ए., एम.एड.

वाणी प्रकाशन

वाणी प्रकाशन

4695, 21-ए, दरियागंज, नयी दिल्ली 110 002

फ़ोन : +91 11 23273167 फ़ैक्स : +91 11 23275710

शाखाएँ

अशोक राजपथ, पटना 800 004, बिहार

कॉफ़ी हाउस कैम्पस, महात्मा गांधी मार्ग, इलाहाबाद 211 001, उत्तर प्रदेश

महात्मा गांधी अन्तरराष्ट्रीय हिन्दी विश्वविद्यालय, वर्धा 442 001, महाराष्ट्र

www.vaniprakashan.com
marketing@vaniprakashan.in
sales@vaniprakashan.in

SAMANYA HINDI VYAKARAN TATHA RACHNA
by Shrikrishna Panday

ISBN : 978-93-87889-07-1

संस्करण 2018, 2021
आवृत्ति 2022

मूल्य : ₹ 70

सिटी प्रेस, दिल्ली-110 095 में मुद्रित

वाणी प्रकाशन का लोगो मक़बूल फ़िदा हुसेन की कूची से

श्रीकृष्ण पाण्डेय की कृति 'सामान्य हिन्दी व्याकरण तथा रचना' के उत्तराधिकारी का पता बहुत खोजने पर भी नहीं चला है। हमारी पाठकों से गुजारिश है कि जब भी उन्हें श्रीकृष्ण पाण्डेय व उनके उत्तराधिकारियों का पता चले तो कृपया हमें बतायें। हम उन्हें लेखन की मानदेय राशि देना चाहते हैं।

–प्रकाशक की ओर से

विषय-सूची

भाग 1 : व्याकरण

भाग 1 : व्याकरण

अध्याय 1

वर्ण-विचार

भाषा और व्याकरण

भाषा वह साधन है जिसके माध्यम से मनुष्य अपने भावों और विचारों को दूसरों पर प्रकट करता है। दूसरों के भाव और विचार के माध्यम से वह समझ भी लेता है। मनुष्य जो कुछ बोलता है उसका एक निश्चित अर्थ होता है, जिसकी वजह से वह दूसरों की समझ में आता है। ऐसी सार्थक बोली को भाषा कहते हैं।

भाषा के दो रूप होते हैं—कथित भाषा और लिखित भाषा। कथित भाषा में ध्वनियों का प्रयोग करते हैं और लिखित भाषा में उन ध्वनियों के प्रतिनिधि चिह्नों का। इन चिह्नों को **वर्ण** या **अक्षर** कहते हैं। अक्षरों के सार्थक समूह को शब्द कहते हैं और शब्दों के सार्थक समूह को **वाक्य**। वाक्यों से ही भाषा बनती है।

भाषा के सही ज्ञान के लिए व्याकरण की आवश्यकता है। अक्षरों से शब्द कैसे बनते हैं, शब्दों से वाक्य कैसे बनते हैं और वाक्यों से भाषा कैसे बनती है, इन सबका विवेचन व्याकरण के अन्तर्गत होता है। भाषा के शुद्ध प्रयोग के नियम व्याकरण में निर्धारित होते हैं। इस प्रकार हम कह सकते हैं कि **व्याकरण वह विद्या या शास्त्र है जिसकी सहायता से मनुष्य शुद्ध भाषा बोल, पढ़ और लिख सकता है।**

भाषा के तीन अंगों—वर्ण, शब्द और वाक्य— के आधार पर व्याकरण के तीन विभाग किये गये हैं जो क्रमशः वर्ण-विचार, शब्द-विचार और वाक्य-विचार कहलाते हैं।

1. वर्ण-विचार : यह व्याकरण का वह विभाग है जिसमें वर्णों के आकार, उच्चारण और उनके मेल से होनेवाले शब्द-निर्माण का अध्ययन किया जाता है।

2. शब्द-विचार : इसमें शब्दों की उत्पत्ति, प्रकार, रूपान्तर आदि का अध्ययन किया जाता है।

3. वाक्य-विचार : इसमें शब्दों से वाक्य बनाने के नियम, वाक्यों के प्रकार आदि पर विचार किया जाता है।

वर्ण-विचार :

वर्ण उस मूल ध्वनि को कहते हैं, जिसके और टुकड़े न हों। जैसे–अ, इ, उ, क्, च्, स् आदि।

वर्णों के समूह को **वर्णमाला** कहते हैं। वर्णों के लिखने का क्रम प्रत्येक भाषा में भिन्न होता है जिसे **लिपि** कहते हैं। हिन्दी भाषा 'नागरी' लिपि में लिखी जाती है। हिन्दी वर्णमाला में 44 वर्ण हैं। ये दो प्रकार के हैं–स्वर और व्यंजन।

स्वर : जिन वर्णों के उच्चारण में दूसरे वर्णों की सहायता नहीं ली जाती, उन्हें स्वर वर्ण कहते हैं। इनके उच्चारण में भीतर से आती हुई वायु मुख (अथवा मुख एवं नासिका) से निर्बाध रूप से निकलती है। हिन्दी में 11 स्वर वर्ण हैं यथा–अ, आ, इ, ई, ऊ, ऋ, ए, ऐ, ओ, औ।

1. ह्रस्व स्वर : ये मूल स्वर भी कहलाते हैं। इनके उच्चारण में एक ही मात्रा (ह्रस्व वर्ण के उच्चारण में लगनेवाला समय) लगती है। ये चार हैं–अ, इ, उ, ऋ।

2. दीर्घ स्वर : जिन स्वरों के उच्चारण में दो मात्राएँ लगती हैं उन्हें दीर्घ स्वर कहते हैं। आ, ई, ऊ, ए, ऐ, ओ और औ हिन्दी के दीर्घ स्वर हैं।

'ऐ' और 'औ' का उच्चारण :

'ऐ' का उच्चारण दो प्रकार से होता है। ज्यादातर शब्दों में 'ऐ' अंग्रेजी के 'aim' की ध्वनि के बहुत पास है। जैसे चैन, मैं, पैसा आदि शब्दों में प्रयुक्त 'ऐ' का उच्चारण। संस्कृत शब्दों और हिन्दी के कुछ शब्दों में 'ऐ' का 'अइ' के रूप में उच्चारण होता है। जैसे–भैया, वैभव, ऐश्वर्य, तैल आदि।

'औ' का उच्चारण भी दो प्रकार से होता है। अधिकतर शब्दों में 'औ', 'अव' के समान उच्चरित होता है। जैसे–कौन, मौसम, सौदा, चौदह आदि। संस्कृत शब्दों में 'औ' का उच्चारण 'अउ' के रूप में होता है। जैसे–सौन्दर्य, गौरव, भौतिक, मौन आदि।

मात्रा : स्वरों के प्रतिनिधि चिह्न जो व्यंजनों के साथ मिलाकर लिखे जाते हैं, मात्रा कहलाते हैं। जैसे–

स्वर : आ, इ, ई, उ, ऊ, ऋ, ए, ऐ, ओ, औ

मात्रा : ा, ि, ी, ु, ू, ृ, े, ै, ो, ौ

अ की कोई मात्रा नहीं होती।

व्यंजन : जिन वर्णों का उच्चारण स्वरों की सहायता से होता है, उन्हें व्यंजन वर्ण कहते हैं। प्रत्येक व्यंजन के उच्चारण में 'अ' की ध्वनि छिपी रहती है। व्यंजन वह ध्वनि है जिसके उच्चारण में भीतर से आती हुई वायु मुँह में कहीं न कहीं, किसी न किसी रूप में अवरुद्ध हो जाती है। हिन्दी में 33 व्यंजन हैं।

यथा– क ख ग घ ङ
च छ ज झ ञ
ट ठ ड ढ ण
त थ द ध न
प फ ब भ म
य र ल व
श ष स ह

इनमें 'क' से 'म' तक 25 वर्ण **स्पर्श** कहलाते हैं। ये निम्नलिखित पाँच वर्गों में विभाजित हैं–

क वर्ग–क ख ग घ ङ
च वर्ग–च छ ज झ ञ
ट वर्ग–ट ठ ड ढ ण
त वर्ग–त थ द ध न
प वर्ग–प फ ब भ म

इन वर्णों के उच्चारण में जिह्वा मुँह के किसी न किसी भाग का स्पर्श करती है अतः ये **स्पर्श व्यंजन** कहलाते हैं।

य, र, ल, व ये चार व्यंजन **अन्तस्थ व्यंजन** कहलाते हैं। 'अन्तस्थ' का अर्थ 'बीच में रहनेवाला' होता है। उच्चारण की दृष्टि से स्वर और व्यंजन के बीच इनका स्थान है। अतः ये अन्तस्थ कहलाते हैं। इनका उच्चारण करते समय जिह्वा मुँह के किसी भाग का अल्प मात्रा ही स्पर्श करती है।

श ष स ह **ऊष्म व्यंजन** कहलाते हैं। इनके उच्चारण में वायु रगड़ा खाकर निकलती है और ऊष्मा अर्थात् गर्मी पैदा हो जाती है।

इनके अलावा अनुनासिक, अनुस्वार और विसर्ग नाम की तीन और ध्वनियाँ हिन्दी में प्रचलित हैं।

अनुनासिक–इसका उच्चारण नाक और मुँह से होता है और उच्चारण में लघुता रहती है। इसका चिह्न चन्द्रबिन्दु (ँ) है। जैसे–'हँस' में 'हँ', 'चाँद' में 'चाँ' आदि।

अनुस्वार–इसकी ध्वनि नाक से निकलती है। इसका चिह्न बिन्दु (ं) है। जैसे–'पंडित' में 'पं', 'हंस' में 'हं' आदि।

विसर्ग–जब किसी स्वर अथवा व्यंजन के बाद 'ह' की ध्वनि लगे, तब उसे विसर्ग (ः) से सूचित किया जाता है।

संस्कृत में इसका काफी व्यवहार है। हिन्दी में अब इसका अभाव होता जा रहा है; किन्तु तत्सम् शब्दों के प्रयोग में इसका आज भी उपयोग होता है। जैसे–प्रातःकाल, दुःख, अतः आदि।

हिन्दी के नये वर्ण ड़ और ढ़

ड और ढ के नीचे बिन्दु लगाकर दो नये वर्ण ड़ और ढ़ बनाये गये हैं। इनमें 'र' की ध्वनि मिली है। इनका उच्चारण साधारणतया मूर्द्धा से होता है; किन्तु कभी-कभी जीभ का अगला भाग उलटकर मूर्द्धा में लगाने से भी वे उच्चरित होते हैं। ये शब्दों के आदि में और संयुक्त व्यंजन में कभी नहीं आते।

वर्णों के उच्चारण-स्थान

मुँह के जिस भाग से वर्ण का उच्चारण होता है, उसे वर्ण का उच्चारण-स्थान कहते हैं। उच्चारण-स्थान के आधार पर वर्णों का वर्गीकरण किया गया है। मुँह के जिस स्थान से जो वर्ण उच्चरित होता है, उस वर्ण का नाम उस स्थान के आधार पर रखा गया है। जैसे कण्ठ से उच्चरित होने के कारण अ, आ, क, ख आदि वर्ण कंठ्य कहलाते हैं।

उच्चारण-स्थान के आधार पर वर्णों के निम्नलिखित भेद हैं—

उच्चारण स्थान	**भेद**	**वर्ण**
कंठ	कंठ्य	अ आ क ख ग घ ड. ह विसर्ग
तालु	तालव्य	इ ई च छ ज झ ञ य श
मूर्धा	मूर्धन्य	ऋ ट ठ ड ढ ण र ष
दन्त	दन्त्य	त थ द ध न ल स
ओष्ठ	ओष्ठ्य	उ ऊ प फ ब भ म
कंठ-तालु	कंठ-तालव्य	ए ऐ
कंठ और ओष्ठ	कंठोष्ठ्य	ओ औ
दन्त और ओष्ठ	दन्त्योष्ठ्य	व
मुख और नासिका	अनुनासिक	ड. ञ ण न म
नासिका	नासिक्य	अनुस्वार

प्रयत्न के आधार पर वर्णों का वर्गीकरण

वर्णों के उच्चारण में जो आयास किया जाता है उसे प्रयत्न कहते हैं। प्रयत्न दो प्रकार के हैं—1. आभ्यन्तर 2. बाह्य।

वर्णों के उच्चारण से पूर्व होनेवाले प्रयत्न को आभ्यन्तर प्रयत्न कहते हैं और वर्णों के उच्चारण के पश्चात् होनेवाले प्रयत्न को बाह्य प्रयत्न।

आभ्यन्तर प्रयत्न के अनुसार वर्णों के चार भेद हैं—

1. विवृत 2. ईषत् विवृत 3. स्पृष्ट 4. ईषत् स्पृष्ट।

विवृत वे वर्ण हैं, जिनके उच्चारण में जिह्वा पूर्ण रूप से खुली रहती है। इसके अन्तर्गत समस्त स्वर आ जाते हैं।

ईषत् विवृत वे वर्ण हैं जिनके उच्चारण में जिह्वा कुछ-कुछ खुली रहती है। इसके अन्तर्गत अन्तस्थ वर्ण (य र ल व) आते हैं।

स्पृष्ट वर्ण वे हैं जिनके उच्चारण में जिह्वा मुख से विभिन्न स्थानों का स्पर्श करती है। क से लेकर म तक के 25 वर्ण इसके अन्तर्गत आते हैं।

ईषत् स्पृष्ट वे वर्ण हैं, जिनके उच्चारण में जिह्वा मुख के विभिन्न स्थानों का थोड़ा-सा ही स्पर्श करती है। इसके अन्तर्गत ऊष्म वर्ण (श ष स ह) आते हैं।

बाह्य प्रयत्न के आधार पर वर्णों के दो मुख्य भेद हैं–

1. घोष वर्ण 2. अघोष वर्ण

घोष वर्ण–जिन वर्णों के उच्चारण से गले के तन्तुओं में नाद या घोष होता है उन्हें घोष वर्ण कहते हैं। प्रत्येक वर्ग का तीसरा, चौथा और पाँचवाँ अक्षर समस्त स्वर और य र ल व घोष वर्ण हैं।

अघोष वर्ण–जिन वर्णों के उच्चारण से गले के तन्तुओं में कोई नाद अथवा घोष नहीं होता, उन्हें अघोष वर्ण कहते हैं। प्रत्येक वर्ग का पहला और दूसरा अक्षर तथा श ष स ह अघोष हैं।

घोष वर्ण	**अघोष वर्ण**
सभी स्वर और	
ग घ ड.	क ख
ज झ ञ	च छ
ड ढ ण	ट ठ
द ध न	त थ
ब भ म	प फ
य र ल व	श ष स ह

बाह्य प्रयत्न के आधार पर वर्णों के दो भेद और हैं–

1. अल्पप्राण 2. महाप्राण।

अल्पप्राण–जिन वर्णों के उच्चारण में कम श्रम लगे, वे अल्पप्राण कहलाते हैं और जिन वर्णों के उच्चारण में अधिक श्रम लगे, उन्हें महाप्राण कहते हैं।

अल्पप्राण	**महाप्राण**
सभी स्वर, अनुस्वार और	
क ग ड.	ख घ
च ज ञ	छ झ
ट ड ण	ठ ढ
त द न	थ ध
प ब म	फ भ
य र ल व	श ष स ह

संयुक्त व्यंजन :

दो या दो से अधिक व्यंजन आपस में मिलकर प्रयुक्त होते हैं तो संयुक्त व्यंजन बनता है। संयुक्त व्यंजन लिखने की रीति निम्नलिखित है–

1. जिन वर्णों में खड़ी पाई है, उन वर्णों के संयोग के समय वह पाई हट जाती है। जैसे–

प् + प = प्प	ल् + क = ल्क
त् + म = त्म	त् + स् + य =त्स्य

2. कुछ व्यंजन आगे-पीछे लिखे जाते हैं। जैसे–

क् + क = क्क	च् + छ = च्छ
क् + ख = क्ख	ल् + ल = ल्ल

3. कुछ व्यंजन ऊपर-नीचे लिखे जाते हैं। जैसे–

द् + ध = द्ध	द् + व = द्व
ट् + ठ = ट्ठ	ड् + ड = ड्ड

4. 'र' के पीछे यदि कोई व्यंजन आता है, तब उसके ऊपर रेफ (ˊ) के रूप में लिखा जाता है। जैसे–चर्म, कर्म, निर्दय।

5. जब कोई व्यंजन आगे 'र' के साथ संयुक्त होता है, तब ऐसा दो रूपों में किया जाता है–

(क) पहले वर्ण के नीचे टेढ़ा डंडा (֊) लगाकर बनाया जाता है।

जैसे–क्रम, प्रतिमा, व्रत, ग्राम।

(ख) जब ट ठ ड ढ 'र' के साथ संयुक्त होते हैं तब 'र' का रूप भिन्न हो जाता है। जैसे–ट्रेन, ड्राइवर, राष्ट्र।

6. कुछ व्यंजन ऐसे हैं, जिनमें संयुक्त व्यंजन का रूप बिल्कुल बदल जाता है। ये केवल तीन हैं–क्ष, त्र, ज्ञ। कुछ संयुक्ताक्षर दो प्रकार से लिखे जाते हैं। जैसे–क्त, क्त, श्व, श्व।

7. बिना पाईवाले व्यंजन में जब दूसरा व्यंजन जोड़ा जाता है, तो पहले व्यंजन के नीचे हल के चिह्न (्) लगाकर दूसरा व्यंजन लिखा जाता है। जैसे–बुड्ढा, चिट्ठी, पद्म।

अभ्यास

1. भाषा क्या है? कथित भाषा और लिखित भाषा से क्या तात्पर्य है?
2. भाषा और व्याकरण का कैसा सम्बन्ध है?
3. व्याकरण की परिभाषा देकर उसके प्रमुख विभागों का परिचय कीजिए।
4. हिन्दी के स्वर कौन-कौन हैं? उनका विभाजन कैसे किया गया है?

5. उच्चारण-स्थान के आधर पर वर्णों का विभाजन कैसे किया गया है?
6. आभ्यन्तर प्रयत्न के आधार पर वर्णों का विभाजन कैसे किया गया है?
7. बाह्य प्रयत्न के आधार पर वर्णों का विभाजन कैसे किया गया है?
8. व्यंजनों का संयोग किन-किन रूपों में होता है? उदाहरण देकर स्पष्ट कीजिए।

अध्याय 2

सन्धि

दो अक्षरों के मेल से होनेवाले विकार को सन्धि कहते हैं। जैसे–

राम + अवतार = रामावतार।

गिरि + ईश = गिरीश।

हिन्दी भाषा में सन्धि द्वारा संयुक्त शब्द लिखने का चलन नहीं है, पर संस्कृत भाषा में सन्धि के बिना काम नहीं चलता। चूँकि संस्कृत के बहुत-से शब्द हिन्दी में भी तत्सम् रूप में प्रयुक्त होते हैं, इसलिए हिन्दी व्याकरण में संस्कृत की सन्धियों और उनके नियमों को भी ग्रहण कर लिया गया है।

सन्धि तीन प्रकार की होती है–

1. स्वर सन्धि 2. व्यंजन सन्धि 3. विसर्ग सन्धि।

स्वर सन्धि–दो स्वरों के परस्पर मेल से जो विकार उत्पन्न होता है, उसे स्वर सन्धि कहते हैं। स्वर सन्धि के पाँच भेद हैं–

1. दीर्घ सन्धि 2. गुण सन्धि 3. वृद्धि सन्धि 4. यण् सन्धि 5. अयादि सन्धि

दीर्घ सन्धि–दो ह्रस्व अथवा दीर्घ स्वरों के मिलने से जब एक दीर्घ स्वर बनता है तब उसे दीर्घ सन्धि कहते हैं। जैसे–

अ + अ = आ राम + अवतार = रामावतार
अ + आ = आ शिव + आलय = शिवालय
आ + अ = आ विद्या + अर्थी = विद्यार्थी
इ + इ = ई रवि + इन्द्र= रवीन्द्र
इ + ई = ई हरि + ईश = हरीश
ई + इ = ई मही + इन्द्र =महीन्द्र
उ + उ = ऊ भानु + उदय = भानूदय
उ + ऊ = ऊ मधु + ऊर्मि = मधूर्मि
ऊ+ उ = ऊ स्वयंभू + उदय = स्वयंभूदय

गुण सन्धि–यदि 'अ' या 'आ' के बाद इ ई उ ऊ या ऋ आये तो दोनों मिलकर क्रमशः ए, ओ और अर हो जाते हैं। जैसे–

अ + इ = ए   नर + इन्द्र = नरेन्द्र
अ + ई = ए   गण + ईश = गणेश
आ + ई = ए   रमा + ईश = रमेश
अ + उ = ओ   सूर्य + उदय = सूर्योदय
आ + उ = ओ   गंगा + उदक = गंगोदक
आ + ऋ = अर   महा + ऋषि = महर्षि

वृद्धि सन्धि—अ अथवा आ के आगे ए या ऐ आये तो दोनों के स्थान में ऐ तथा ओ या औ आये तो दोनों के स्थान में औ हो जाता है। जैसे–

अ + ए = ऐ   एक + एक = एकैक
अ + ऐ = ऐ   परम + ऐश्वर्य = परमैश्वर्य
आ + ए = ऐ   सदा + एव = सदैव
अ + ओ = औ   परम + ओजस्वी= परमौजस्वी
आ + औ = औ   महा + औषधि = महौषधि

यण् सन्धि—यदि इ ई उ ऊ और ऋ के बाद कोई भिन्न स्वर आये तो इ ई का 'य', उ ऊ का 'व' और ऋ का 'र' हो जाता है। जैसे–

इ + अ = य   यदि + अपि = यद्यपि
इ + आ = या   प्रति + आशा = प्रत्याशा
इ + उ = यु   अति + उक्ति = अत्युक्ति
इ + ऊ = यू   नि + ऊन = न्यून
उ + अ = व   अनु + अय = अन्वय
उ + आ = वा   मधु + आलय = मध्वालय
उ + ए = वे   अनु + एषण = अन्वेषण
ऋ + अ = र   मातृ + अनुग्रह = मात्रनुग्रह
ऋ + आ = रा   पितृ + आज्ञा = पित्राज्ञा

अयादि सन्धि—ए, ऐ, ओ और औ स्वरों के आगे अन्य स्वरों के आने से उनके स्थान पर क्रमशः अय्, आय्, अव् और आव् हो जाता है। जैसे–

ए + अ = अय्   शे + अन् = शयन
ऐ + अ = आय्   नै + अक् = नायक
ओ + अ = अव्   पो + अन् = पवन
औ + अ =आव्   पौ + अक् = पावक
औ + इ = आव्   नौ + इक् = नाविक

व्यंजन सन्धि—जब किसी व्यंजन वर्ण के साथ किसी स्वर अथवा व्यंजन का मिलन हो तब व्यंजन सन्धि होती है। इसके मुख्य नियम इस प्रकार हैं–

1. अघोष व्यंजन के बाद स्वर या सघोष व्यंजन हो तो अघोष का सघोष हो

जाएगा। जैसे–

सत् + गति = सद्गति जगत् + ईश = जगदीश

वाक् + जाल = वाग्जाल उत् + घाटन = उद्घाटन

षट् + दर्शन = षड्दर्शन अच् + अन्त = अजन्त

तत् + रूप = तद्रूप दिक् + गज = दिग्गज

कभी-कभी यह सघोष वर्ण बाद वाले वर्ण के रूप में ही ढल जाता है। जैसे–

तत् + लीन = तल्लीन सत् + जन = सज्जन

उत् + ज्वल = उज्ज्वल उत् + लास = उल्लास

क् च् ट् त् प् के परे सानुनासिक व्यंजन न म हो तो क् का ङ्, च् का ञ्, ट् का ण्, त् का न् और प् का म् हो जाता है। जैसे–

वाक् + मय = वाङ्मय जगत् + नाथ = जगन्नाथ

सत् + मार्ग = सन्मार्ग षट् + मुख = षण्मुख

2. सघोष के बाद अघोष व्यंजन हो तो सघोष का अघोष हो जाता है। जैसे–

सद् + कार = सत्कार उद् + साह = उत्साह

तद् + पर = तत्पर

कभी-कभी पहले आनेवाला अघोष वर्ण बाद वाले वर्ण के रूप में ही ढल जाता है। जैसे–

शरत् + चन्द्र = शरच्चन्द्र

उत् + चारण =उच्चारण

3. यदि पहले शब्द का अन्तिम वर्ण अथवा दूसरे शब्द का पहला वर्ण मूर्धन्य (ऋ टवर्ग और र ष) हो तो दोनों मूर्धन्य हो जाएँगे। जैसे–

दुष् + त = दुष्ट ऋ + न = ऋण

तृष् + ना = तृष्णा कृष् + न = कृष्ण

4. इ या उ के बाद के स का ष हो जाएगा। जैसे–

अभि + सेक = अभिषेक वि + सम = विषम

नि + सेध = निषेध

5. किसी स्वर के आगे 'छ' व्यंजन हो तो उस व्यंजन के पूर्व च् जुड़ता है। जैसे–

स्व + छन्द = स्वच्छन्द

आ + छादन = आच्छादन

परि + छेद = परिच्छेद

विसर्ग सन्धि

विसर्ग के बाद यदि स्वर अथवा व्यंजन आये तो विसर्ग में जो परिवर्तन होता

है, उसे विसर्ग सन्धि कहते हैं। इसके नियम निम्नलिखित हैं–

1. विसर्ग के पहले और बाद भी 'अ' हो तो अ : के स्थान पर 'ओ' हो जाता है और आगे का 'अ' लुप्त हो जाता है। जैसे–

यशः + अभिलाष = यशोभिलाषी

प्रथमः + अध्याय प्रथमोध्याय

2. विसर्ग के पहल 'अ' हो तथा बाद में 'अ' के अतिरिक्त कोई दूसरा स्वर हो तो विसर्ग का लोप हो जाता है। जैसे–

अतः + एव = अतएव

3. विसर्ग के पहले 'अ' हो ा बाद में क ख प फ हो तो कोई विकार नहीं होता। जैसे–

अधः + पतन = अधःपतन

अन्तः + पुर = अन्तःपुर

4. विसर्ग के पहले इ या उ हो तो क ख प फ के पहले विसर्ग के स्थान पर ष् हो जाता है। जैसे–

निः + करुण = निष्करुण

निः + फल = निष्फल

निः + प्रयोजन = निष्प्रयोजन

5. विसर्ग के पहले 'अ' हो और बाद में कोई घोष व्यंजन हो, तो विसर्ग बदलकर 'ओ' हो जाता है। जैसे–

सरः + ज = सरोज

मनः + ज = मनोज

तेजः + मय = तेजोमय

मनः + बल = मनोबल

6. विसर्ग के पहले अ अथवा आ को छोड़कर कोई और स्वर हो तथा बाद में कोई घोष वर्ण आये तो विसर्ग 'र्' में परिवर्तित हो जाता है। जैसे–

निः + दय = निर्दय

दुः + दिन = दुर्दिन

दुः + आशा = दुराशा

7. विसर्ग के बाद श ष स हो, तो विसर्ग इन्हीं वर्णों में परिवर्तित हो जाता है। जैसे–

निः संदेह = निस्संदेह

दुः + साहस = दुस्साहस

8. विसर्ग के बाद र् आये तो विसर्ग का लोप हो जाता है और पूर्व स्वर यदि ह्रस्व हो तो दीर्घ हो जाता है। जैसे–

निः + रस = नीरस

निः + रोग = नीरोग

निः + रव = नीरव

अभ्यास

1. सन्धि किसे कहते हैं? सन्धि के कितने प्रकार हैं?
2. दीर्घ सन्धि क्या है? उदाहरण देकर स्पष्ट कीजिए।
3. गुण सन्धि तथा यण् सन्धि से क्या तात्पर्य है? सोदाहरण स्पष्ट कीजिए।
4. वृद्धि सन्धि से क्या तात्पर्य है? सोदाहरण स्पष्ट कीजिए।
5. अयादि सन्धि से क्या तात्पर्य है? सोदाहरण स्पष्ट कीजिए।
6. व्यंजन सन्धि के विविध रूपों का परिचय दीजिए।
7. विसर्ग सन्धि का सोदाहरण परिचय दीजिए।
8. सन्धि विच्छेद कीजिए—

हिमालय, रामावतार, रवीन्द्र, जगदीश, उद्‌घाटन, महौषधि, नमस्कार, निष्णात, अन्तर्जगत, उल्लेख, सद्‌गुरु, वाग्जाल, अहङ्.कार, महर्षि।

1. सन्धि कीजिए—

ने + अन, इति + आदि, पुरः + कार, देव + ऋषि, उत् + शिष्ट, उत् + बोधन, दुः + जन, निः + पाप, तपः + भूमि।

अध्याय ५

शब्द-विचार

शब्द-विचार व्याकरण का वह विभाग है, जिसमें शब्दों की उत्पत्ति, प्रकार, रूपान्तर आदि का अध्ययन किया जाता है।

शब्द—एक या एक से अधिक अक्षरों के सार्थक योग को शब्द कहते हैं। जैसे—आ, चलो, राम आदि।

हिन्दी के शब्दों का वर्गीकरण मुख्यतः चार आधारों पर किया जाता है—1. अर्थ के आधार पर 2. व्युत्पत्ति के आधार पर 3. उत्पत्ति के आधार पर 4. वाक्य में प्रयोग के आधार पर।

अर्थ के आधार पर शब्दों के भेद

अर्थ के आधार पर शब्दों के तीन भेद हैं—1.वाचक 2. लाक्षणिक 3. व्यंजक।

वाचक शब्द वे हैं, जिनका एक मुख्य अर्थ होता है, जो सुगमता से समझ में आता है। जैसे—राम, गंगा, कहाँ, दौड़ना आदि।

लाक्षणिक शब्द वे हैं, जिनसे रूढ़ि के कारण या किसी प्रयोजन के लिए मुख्यार्थ से सम्बद्ध किसी अन्य अर्थ का बोध होता है। जैसे—रामू गधा है।

इस वाक्य में गधे की मूर्खता का आरोप रामू पर किया गया है। मूर्खता गधे का लक्षण है। मूर्ख के अर्थ में 'गधो' शब्द का प्रयोग हुआ है। अतः इस वाक्य में 'गधा' शब्द लाक्षणिक शब्द का उदाहरण है।

व्यंजक शब्द वे हैं जिनका न तो मुख्य अर्थ लिया जाता है न लाक्षणिक, बल्कि जिनसे कोई गूढ़ या सांकेतिक अर्थ प्राप्त होता है। उदाहरण के लिए—यदि कुरुक्षेत्र से भागकर आये हुए व्यक्ति को देखकर कहा जाए कि 'तुम बड़े बहादुर हो' तो यहाँ पर बहादुर बताकर उस व्यक्ति की कायरता की व्यंजना की गयी है।

व्युत्पत्ति अथवा बनावट के आधार पर शब्द-भेद

व्युत्पत्ति के आधार पर शब्दों के तीन भेद हैं—1. रूढ़ 2. यौगिक 3. योगरूढ़।

रूढ़—जो शब्द सार्थक रूप से खंडित नहीं किये जा सकते और जिनका एक

निश्चित अर्थ रूढ़ हो गया है उन्हें रूढ़ शब्द कहते हैं। जैसे—आँख, कान, नदी, नाला आदि।

यौगिक—दो शब्दों के योग अथवा मेल से बननेवाले शब्द यौगिक शब्द कहलाते हैं। जैसे—

दूधवाला = दूध + वाला

पाठशाला = पाठ + शाला

योगरूढ—ऐसे शब्द जो यौगिक होने पर भी अपना सामान्य अर्थ छोड़कर विशेष अर्थ रखते हैं, योगरूढ़ कहलाते हैं। जैसे—

पंकज—पंक + ज अर्थात् कीचड़ से उत्पन्न; पर इससे केवल कमल का अर्थ लिया जाएगा। अतः 'पंकज' शब्द योगरूढ़ है।

मुरलीधर (मुरली धारण करनेवाला = कृष्णा) लम्बोदर (लम्बा है उदर जिसका=गणेश) आदि शब्द भी योगरूढ़ के उदाहरण हैं।

उत्पत्ति के आधार पर शब्द-भेद

उत्पत्ति के आधार पर शब्दों के चार भेद हैं—1. तत्सम 2. तद्भव 3. देशज 4. विदेशी।

तत्सम—तत्सम शब्द वे शब्द हैं, जो संस्कृत से ज्यों के त्यों लिये गये हैं। जैसे—अग्नि, पुत्र, स्वर्ग, ग्राम आदि।

तद्भव—तद्भव शब्द वे हैं, जो संस्कृत से विकृत (परिवर्तित) होकर हिन्दी में आ गये हैं। जैसे—आम (संस्कृत के 'आम्र' शब्द का तद्भव रूप) आग ('अग्नि' का तद्भव रूप) सौ ('शत' का तद्भव रूप) आदि।

देशज—देशज शब्द वे हैं, जिनकी व्युत्पत्ति का पता नहीं चलता। वे अपने ही देश में बोलचाल से बने हैं। इसलिए उन्हें देशज कहते हैं। जैसे—चिड़िया, कपड़ा, लोटा, कटोरा, खिड़की आदि।

विदेशी—जो शब्द अंग्रेजी, फ्रेंच, पुर्तगाली, अरबी, फारसी, तुर्की आदि विदेशी भाषाओं से आये हैं उन्हें विदेशी शब्द कहते हैं। जैसे—किताब, जिला, तहसील, मजहब, हकीम, खुश, गवाह, चालाक, दरवाजा, दीवार, कोर्ट, फीस, ट्रेन कार, इंजन, आलपीन, पादरी आदि।

प्रयोग के आधार पर शब्द-भेद

वाक्य में प्रयोग के आधार पर शब्दों के दो भेद हैं—

1. विकारी 2. अविकारी।

विकारी शब्द—जिन शब्दों में लिंग, वचन, कारक आदि के अनुसार विकार अथवा परिवर्तन होता है उन्हें विकारी शब्द कहते हैं। विकारी शब्द चार प्रकार के

हैं–1. संज्ञा 2. सर्वनाम 3. विशेषण 4. क्रिया।

अविकारी शब्द–जिन शब्दों में लिंग, वचन, कारक आदि के अनुसार विकार अथवा परिवर्तन नहीं होता, उन्हें अविकारी शब्द कहते हैं। अविकारी शब्द भी चार प्रकार के होते हैं–1. क्रियाविशेषण 2. सम्बन्धबोधक 3. समुच्चयबोधक 4. विस्मयादिबोधक।

अभ्यास

1. शब्द की परिभाषा लिखकर उदाहरण दीजिए।
2. शब्दों के वर्गीकरण के आधार क्या-क्या हैं?
3. रूढ़, यौगिक और योगरूढ़ से क्या तात्पर्य है? सोदाहरण स्पष्ट कीजिए।
4. उत्पत्ति के आधार पर शब्दों के भेद कौन-कौन से हैं?
5. अर्थ के आधार पर शब्द-भेद सोदाहरण स्पष्ट कीजिए।
6. विकारी और अविकारी शब्दों का परिचय दीजिए।
7. व्युत्पत्ति की दृष्टि से निम्नलिखित शब्दों का वर्गीकरण कीजिए–
   पानी, खाना, दूधवाला, पाठशाला, विद्यालय, राजपथ, घुड़सवार, लम्बोदर, पंकज, चक्रपाणि, जलज, मुरलीधर।

अध्याय 4

संज्ञा

संज्ञा, उस विकारी शब्द को कहते हैं जिससे किसी व्यक्ति, वस्तु, स्थान, भाव या गुण के नाम का बोध हो। जैसे—मोहन, पुस्तक, विद्यालय, हँसी, खुशी, दया आदि।

संज्ञा के मुख्यतः तीन भेद हैं—1. व्यक्तिवाचक संज्ञा 2. जातिवाचक संज्ञा 3. भाववाचक संज्ञा।

व्यक्तिवाचक संज्ञा—जिस संज्ञा के द्वारा किसी व्यक्ति, वस्तु अथवा स्थान का बोध होता हो, उसे व्यक्तिवाचक संज्ञा कहते हैं। जैसे—मोहन, गंगा, हिमालय, दिल्ली आदि।

उपर्युक्त शब्दों से किसी व्यक्ति, वस्तु अथवा स्थान का बोध होता है। 'मोहन' एक विशेष व्यक्ति का नाम है। 'गंगा' एक विशेष नदी का, 'हिमालय' एक विशेष पर्वत का और 'दिल्ली' एक विशेष नगर का नाम है। अतः ये शब्द व्यक्तिवाचक संज्ञाएँ हैं।

जातिवाचक संज्ञा—जो संज्ञा एक जाति के समस्त प्राणियों अथवा पदार्थों का बोध कराती है उसे जातिवाचक संज्ञा कहते हैं। जैसे—मनुष्य, नदी, पहाड़, पुस्तक आदि।

उपर्युक्त शब्दों से किसी विशेष व्यक्ति अथवा वस्तु का बोध नहीं होता, बल्कि वे अपनी जाति के हर एक व्यक्ति अथवा वस्तु के लिए प्रयुक्त होते हैं। 'मनुष्य' संज्ञा से केवल एक ही मनुष्य का बोध नहीं होता, बल्कि मनुष्य जाति के हर मनुष्य का बोध होता है। इसी प्रकार 'नदी' संज्ञा किसी विशेष नदी का परिचय न देकर दुनिया की हर नदी की ओर संकेत करती है। अतः ये संज्ञाएँ जातिवाचक संज्ञाएँ हैं।

भाववाचक संज्ञा—जो संज्ञा किसी पदार्थ के गुण, अवस्था अथवा व्यापार का बोध कराती हो, वह भाववाचक संज्ञा कहलाती है। जैसे—हँसी, खुशी, लड़ाई, सौन्दर्य, प्यार, मनुष्यता, सच्चाई, बुढ़ापा आदि।

भाववाचक संज्ञाएँ मुख्यतः तीन प्रकार के शब्दों से बनती हैं—

1. जातिवाचक संज्ञा से। जैसे—मनुष्य से मनुष्यता, लड़का से लड़कपन, शिशु से

शैशव, चोर से चोरी, गवाह से गवाही।

2. क्रिया से। जैसे—खेलना से खेल, लड़ना से लड़ाई, घबराना से घबराहट।

3. विशेषण से। जैसे—काला से कालापन, ठंडा से ठंड, गरम से गरमी, सुन्दर से सुन्दरता और लाल से लाली।

उपर्युक्त संज्ञाओं के अतिरिक्त अंग्रेजी व्याकरण के आधार पर दो अन्य प्रकार की संज्ञाएँ भी मानी जाती हैं—

1. समुदायवाचक संज्ञा—जो संज्ञा प्राणियों अथवा पदार्थों के समुदाय या समूह का बोध कराती है, उसे समुदायवाचक संज्ञा कहते हैं। जैसे—सभा, भीड़, सेना, संघ आदि।

2. द्रव्यवाचक संज्ञा—जिस संज्ञा के द्वारा किसी द्रव्य या पदार्थ का बोध होता है उसे द्रव्यवाचक संज्ञा कहते हैं। जैसे—सोना, चाँदी, हवा, तेल, शहद आदि।

हिन्दी में समुदायवाचक और द्रव्यवाचक संज्ञाएँ जातिवाचक संज्ञा के अन्तर्गत आती हैं। अतः अधिकांश विद्वान उपर्युक्त दोनों भेदों को स्वतन्त्र रूप से नहीं मानते हैं।

संज्ञाओं के रूपान्तर

संज्ञाओं में लिंग, वचन और कारक के कारण जो विकार होते हैं, उन्हें संज्ञाओं के रूपान्तर कहते हैं।

उदाहरण के लिए 'लड़का खेलता है' एक मूल वाक्य है, जो लिंग के अनुसार 'लड़की खेलती है', वचन के अनुसार 'लड़के खेलते हैं' और कारक के अनुसार 'लड़के को खेलने दो' में बदल जाता है।

यहाँ पर मूल शब्द 'लड़का' है। इसका रूपान्तर 'लड़की' बना। 'लड़का' शब्द पुरुषवाचक अथवा पुल्लिंग था, उसे स्त्रीवाचक बनाने के लिए 'लड़की' में बदलना पड़ा जो लिंग के आधार पर संज्ञा के रूपान्तर का उदाहरण है।

इसी प्रकार दूसरे वाक्य में 'लड़का' शब्द 'लड़के' में परिवर्तित हुआ। 'लड़का' शब्द से एक लड़के का बोध होता है और 'लड़के' शब्द से एक से अधिक लड़कों का। वचन के आधार पर संज्ञा के रूपान्तर का यह उदाहरण है।

तीसरे वाक्य में 'लड़के को' शब्द 'लड़का' शब्द का रूपान्तर है जो कारक के अनुसार संज्ञा के रूपान्तर का उदाहरण है।

अभ्यास

1. संज्ञा की परिभाषा देते हुए उसके भेदों पर प्रकाश डालिए।
2. भाववाचक संज्ञाएँ किस प्रकार से बनती हैं?

3. निम्नलिखित संज्ञा-शब्दों के भेद बताइए–
राम, गोपाल, अरविन्द, मनुष्य, लड़का, पर्वत, हँसी, खुशी, अँधेरा, उजाला, हवा, पानी, सोना, चाँदी।
4. संज्ञाओं के रूपान्तर से क्या तात्पर्य है? उदाहरण देकर समझाइए।

अध्याय 5

लिंग

संज्ञा के जिस रूप से किसी प्राणी अथवा वस्तु की जाति का बोध होता है उसे लिंग कहते हैं। हिन्दी में दो ही लिंग होते हैं—1. पुल्लिंग 2. स्त्रीलिंग।

पुल्लिंग—जो शब्द पुरुष जाति का बोध कराते हैं, उन्हें पुल्लिंग कहते हैं। जैसे—लड़का जाता है।

इस वाक्य में 'लड़का' शब्द पुरुष जाति का बोध कराता है, इसलिए वह पुल्लिंग है।

स्त्रीलिंग—जो शब्द स्त्री जाति का बोध कराते हैं, उन्हें स्त्रीलिंग कहते हैं। जैसे—लड़की जाती है।

इस वाक्य में 'लड़की' शब्द स्त्री जाति का बोध कराता है, इसलिए वह स्त्रीलिंग है।

लिंग-निर्णय—हिन्दी में प्राणिवाचक संज्ञाओं का लिंग-निर्णय करना सरल है क्योंकि जो शब्द पुरुष या नर का बोध कराते हैं, वे पुल्लिंग हैं और जो स्त्री या मादा का बोध कराते हैं, वे स्त्रीलिंग हैं। जैसे—लड़का, आदमी, कुत्ता, शेर, हाथी आदि शब्द पुल्लिंग हैं, और लड़की, औरत, कुत्ती, शेरनी, हथिनी आदि शब्द स्त्रीलिंग।

प्राणिवाचक संज्ञाओं में भी कुछ शब्द ऐसे हैं जो हमेशा पुल्लिंग में ही प्रयुक्त होते हैं। जैसे—कौआ, उल्लू, चीता, भेड़िया, पक्षी आदि शब्द सदा पुल्लिंग होते हैं, और कोयल, तितली, बटेर, मछली, मक्खी, मैना आदि शब्द सदा स्त्रीलिंग होते हैं। इन शब्दों में लिंग भेद करना आवश्यक हो जाने पर 'नर' या 'मादा' शब्द पहले जोड़ा जाता है। जैसे 'नर बटेर', 'मादा कौआ' आदि।

अप्राणिवाचक शब्दों के लिंग-निर्णय सम्बन्धी कुछ नियम हिन्दी में हैं किन्तु इनसे कोई विशेष प्रयोजन नहीं है क्योंकि इनमें से कई नियमों के बहुत-से अपवाद भी होते हैं। फिर भी लिंग-निर्णय सम्बन्धी कुछ मुख्य नियम नीचे दिये जाते हैं—

पुल्लिंग संज्ञाओं के नियम

1. संस्कृत के आकारान्त शब्दों को छोड़कर हिन्दी के सभी आकारान्त शब्द

पुल्लिंग होते हैं। जैसे—कपड़ा, आटा, जूता, छाता, पैसा आदि।

अपवाद—लघुता-बोधक 'इया' प्रत्ययान्त शब्द स्त्रीलिंग होते हैं। जैसे—लुटिया, खटिया, डिबिया आदि।

2. धातुओं, ग्रहों, नक्षत्रों, पेड़ों, पहाड़ों और रत्नों के नाम पुल्लिंग होते हैं। जैसे—सोना, सूर्य, चन्द्रमा, बरगद, हिमाचल, हीरा आदि।

अपवाद—चाँदी, पृथ्वी, इमली, सुपारी आदि।

3. महीनों तथा दिनों के नाम पुल्लिंग होते हैं। जैसे—

चैत्र, वैशाख, आषाढ़, रविवार, सोमवार आदि।

4. समुद्रों, देशों, जिलों, नगरों तथा गाँवों के नाम पुल्लिंग हैं। जैसे—अरब सागर, भारत, कलकत्ता, मद्रास, सेवाग्राम आदि।

अपवाद—दिल्ली।

5. जिन भाववाचक संज्ञाओं के अन्त में आव, पन, पा, त्व आदि प्रत्यय हों वे पुल्लिंग हैं। जैसे—बहाव, बचपन, बुढ़ापा, मनुष्यत्व आदि।

6. कृदन्त की वे संज्ञाएँ, जिनके अन्त में 'आन' आता है, पुल्लिंग होती हैं। जैसे—लगान, मिलान, खान-पान आदि।

अपवाद—उड़ान, पहचान, मुस्कान आदि।

7. क्रियार्थक संज्ञाएँ पुल्लिंग हैं। जैसे—चलना, खेलना, दौड़ना आदि।

8. अनाजों के नाम पुल्लिंग होते हैं। जैसे—गेहूँ, बाजरा, चावल, चना, बाजार आदि।

अपवाद—मूँग, दाल, अरहर आदि।

9. प्रायः सभी द्रव पदार्थ पुल्लिंग होते हैं। जैसे—पानी, तेल, दूध, दही, घी आदि।

अपवाद—छाछ, लस्सी आदि।

10. प्रायः सभी अकारान्त संज्ञाएँ पुल्लिंग होती हैं। जैसे—

घर, जल, थल, पल, धन, पेड़ आदि।

अपवाद—बात, रात, शाम आदि।

11. उर्दू की वे संज्ञाएँ जिनके अन्त में 'आब' आता है, पुल्लिंग होती हैं। जैसे—गुलाब, जवाब, हिसाब, कबाब आदि।

अपवाद—किताब, शराब आदि।

12. संस्कृत के वे सभी शब्द पुल्लिंग हैं जिनके अन्त में त, त्र, आस, आप, आर और न आते हैं। जैसे—गीत, मित्र, त्रास, ताप, विकार, वचन आदि।

13. उर्दू की वे संज्ञाएँ पुल्लिंग हैं जिनके अन्त में आन, आल, आर आदि आते हैं। जैसे—मकान, बाज़ार, सवाल आदि।

अपवाद—दुकान, सरकार, तकरार आदि।

स्त्रीलिंग शब्दों के नियम

1. हिन्दी के प्रायः सभी ईकारान्त शब्द स्त्रीलिंग हैं। जैसे–
मिट्टी, चटाई, चारपाई, डाली, गली, टोपी आदि।
अपवाद–मोती, दही, पानी, जी आदि।
2. भाषाओं के नाम स्त्रीलिंग होते हैं। जैसे–हिन्दी, अंग्रेजी, तमिल, अरबी, फारसी आदि।
3. नदियों के नाम स्त्रीलिंग होते हैं। जैसे–गंगा, कावेरी आदि।
4. जिन संज्ञाओं के अन्त में 'आई' हो, वे स्त्रीलिंग हैं। जैसे–पढ़ाई, बुनाई आदि।
5. भाववाचक संज्ञाएँ, जिनके अन्त में ट, वट, आर, हट हों, प्रायः स्त्रीलिंग होती हैं। जैसे–लिखावट, बनावट, घबराहट आदि।
अपवाद–पेट, घाट, घूँघट आदि।
6. संस्कृत की सभी आकारान्त संज्ञाएँ स्त्रीलिंग होती हैं। जैसे–
दया, कृपा, वन्दना, प्रार्थना आदि।
7. संस्कृत की प्रायः सभी उकारान्त संज्ञाएँ स्त्रीलिंग होती हैं। जैसे–
वस्तु, मृत्यु, वायु आदि।
अपवाद–तरु, मधु, अश्रु आदि।
8. संस्कृत की ता प्रत्ययान्त संज्ञाएँ प्रायः स्त्रीलिंग होती हैं। जैसे–
सहायता, दयालुता, मूर्खता आदि।
अपवाद–दाता, कर्ता आदि।
9. संस्कृत की इकारान्त संज्ञाएँ स्त्रीलिंग होती हैं। जैसे–
मणि, रुचि, राशि आदि।
अपवाद–गिरि, वारि, मुनि आदि।
10. 'इमा' प्रत्ययान्त संज्ञाएँ प्रायः स्त्रीलिंग होती हैं। जैसे–
गरिमा, महिमा, पूर्णिमा आदि।
11. उर्दू की प्रायः सभी अकारान्त संज्ञाएँ स्त्रीलिंग होती हैं।
जैसे–तलाश, कोशिश, लाश आदि।
अपवाद–होश, ताश आदि।
12. तिथियों और नक्षत्रों के नाम प्रायः स्त्रीलिंग होते हैं। जैसे–
प्रथमा, द्वितीया, अश्विनी, कृत्तिका आदि।
13. भोजनों के नाम प्रायः स्त्रीलिंग होते हैं। जैसे–
रोटी, दाल, तरकारी, खीर, पूरी आदि।
अपवाद–भात, हलवा, लड्डू आदि।
14. किराने या मसालों के नाम स्त्रीलिंग होते हैं। जैसे–

लौंग, इलायची, सुपारी आदि।

पुल्लिंग से स्त्रीलिंग बनाने के नियम

1. प्राणिवाचक अकारान्त तथा आकारान्त पुल्लिंग संज्ञाओं के अन्तिम अ अथवा आ के स्थान पर ई प्रत्यय लगाने से उनका स्त्रीलिंग रूप बनता है। जैसे–

लड़का–लड़की	बेटा–बेटी
बच्चा–बच्ची	घोड़ा–घोड़ी
नाना–नानी	दादा–दादी

2. कुछ आकारान्त संज्ञाओं के अन्तिम आ को इया कर देने से उनका स्त्रीलिंग रूप बनता है। जैसे–

कुत्ता–कुतिया	चूहा–चुहिया
बूढ़ा–बुढ़िया	बेटा–बिटिया

3. व्यवसायबोधक संज्ञाओं के अन्त में 'इन' प्रत्यय लगाने से वे स्त्रीलिंग बन जाती हैं। जैसे–

नाई–नाइन	माली–मालिन
धोबी–धोबिन	कहार–कहारिन
तेली–तेलिन	सुनार–सुनारिन

इनके अतिरिक्त कुछ सम्बन्धवाचक शब्दों तथा मनुष्येतर प्राणिवाचक संज्ञाओं में 'इन' प्रत्यय जोड़ने से उनके स्त्रीलिंग रूप बन जाते हैं। जैसे–

समधी–समधिन

बाघ–बाघिन

नाग–नागिन

4. कुछ अकारान्त संज्ञाओं के अन्त में 'नी' तथा 'आनी' प्रत्यय जोड़ने से स्त्रीलिंग शब्द बनते हैं। जैसे–

मोर–मोरनी	सेठ–सेठानी
शेर–शेरनी	जेठ–जेठानी
ऊँट–ऊँटनी	नौकर–नौकरानी
भील–भीलनी	देवर–देवरानी

5. कुछ संज्ञाओं के अन्त में 'आइन' प्रत्यय जोड़ने से उनके स्त्रीलिंग रूप बनते हैं। जैसे–

बनिया–बनियाइन	गुरु–गुरुआइन
पंडित–पंडिताइन	चौधरी–चौधराइन
मिश्रा–मिश्राइन	चौबे–चौबाइन

6. संस्कृत से हिन्दी में आये पुल्लिंग शब्दों के स्त्रीलिंग रूप बहुधा संस्कृत के

नियमों के अनुसार ही होते हैं। जैसे–

विद्वान–विदुषी	विद्यार्थी–विद्यार्थिनी
पुत्र–पुत्री	प्रिय–प्रिया
बालक–बालिका	पूज्य–पूज्या

7. हिन्दी के अनेक पुल्लिंग शब्दों के स्त्रीलिंग रूप सर्वथा भिन्न होते हैं। जैसे–

भाई–बहन	पुरुष–स्त्री
मर्द–औरत	पिता–माता
वर–वधू	बाप–माँ

8. कुछ पुल्लिंग शब्दों के पहले स्त्रीवाचक शब्द जोड़ने से स्त्रीलिंग शब्द बनते हैं। जैसे–
मादा कौआ, स्त्री पाठक, महिला सदस्य आदि।

अभ्यास

1. लिंग से क्या तात्पर्य है? उदाहरण देकर समझाइए।
2. पुल्लिंग शब्दों की पहचान के कुछ मुख्य नियम बताइए।
3. स्त्रीलिंग शब्दों की पहचान के कुछ मुख्य नियम बताइए।
4. पुल्लिंग शब्दों से स्त्रीलिंग बनाने के कुछ मुख्य नियम बताइए।
5. निम्नलिखित शब्दों का लिंग बताइए–
पशु, पक्षी, मुनि, चिड़िया, पानी, बिन्दु, वधू, स्नायु, पानी, मधु, मृत्यु, घबराहट, बहाव, प्रवाह, आत्मा, सन्तान, दम्पती।
6. निम्नलिखित शब्दों का लिंग परिवर्तन कीजिए–
नर, विद्वान, पिता, कुत्ता, हाथी, शेर, ऊँट, मालिक, चौबे, पंडित, सिंह, चौधरी, गुरु, बैल, भैंस, बन्दर, नाग, सर्प, वर।

अध्याय 6

वचन

संज्ञा के जिस रूप से संख्या का बोध हो उसे वचन कहते हैं। हिन्दी में दो वचन हैं—1. एकवचन 2. बहुवचन।

एकवचन—संज्ञा के जिस रूप से एक पदार्थ या व्यक्ति का बोध हो, उसे एकवचन कहते हैं। जैसे—

लड़का, पुस्तक, रास्ता, नदी आदि।

बहुवचन—संज्ञा के जिस रूप से एक से अधिक पदार्थों या व्यक्तियों का बोध हो, उसे बहुवचन कहते हैं। जैसे—

लड़के, पुस्तकें, रास्ते, नदियाँ आदि।

गुरुजी चले गये।
महात्मा गाँधी आये थे।
प्रधानमन्त्री बोलेंगे।

कुछ शब्दों का प्रयोग प्रायः बहुवचन में ही होता है। जैसे—

आँसू, प्राण, लोग, ओठ, दर्शन आदि।

एकवचन से बहुवचन बनाने के नियम

वचन की दृष्टि से संज्ञाओं में परिवर्तन दो स्थितियों में होता है—एक तो मूल अर्थात् विभक्ति रहित रूप में और दूसरा विकृत अथवा विभक्ति सहित रूप में।

विभक्ति–रहित रूप

1. आकारान्त पुल्लिंग संज्ञाओं के अन्तिम 'आ' को 'ए' कर देने से बहुवचन बनता है। जैसे—

   लड़का—लड़के   कुत्ता—कुत्ते
   कपड़ा—कपड़े   पत्ता—पत्ते

   अपवाद—मामा, नाना, चाचा, काका, पिता, देवता, योद्धा, राजा, जामाता आदि। इनका दोनों वचनों में एक ही रूप रहता है।

2. अकारान्त स्त्रीलिंग शब्दों में 'अ' के स्थान पर 'एं' जोड़ने से बहुवचन बनता है। जैसे–

रात–रातें किताब–किताबें

बात–बातें आँख–आँखें

3. आकारान्त स्त्रीलिंग शब्दों में 'आ' को 'एँ' में परिवर्तित करने से बहुवचन बनता है। जैसे–

लता–लताएँ कन्या–कन्याएँ

माता–माताएँ धारा–धाराएँ

4. आकारान्त पुल्लिंग शब्दों को छोड़कर शेष पुल्लिंग शब्द दोनों वचनों में समान रहते हैं। जैसे–

गुरु–गुरु बिन्दु–बिन्दु

मुनि–मुनि बालक–बालक

पशु–पशु घर–घर

5. इकारान्त स्त्रीलिंग शब्दों के अन्त में केवल 'याँ' जोड़ने से बहुवचन बनता है। जैसे–

रीति–रीतियाँ रात्रि–रात्रियाँ

तिथि–तिथियाँ राशि–राशियाँ

मणि–मणियाँ जाति–जातियाँ

6. ईकारान्त स्त्रीलिंग शब्दों में 'ई' को ह्रस्व बनाकर 'याँ' जोड़ने से बहुवचन बनता है। जैसे–

लड़की–लड़कियाँ नदी–नदियाँ

स्त्री–स्त्रियाँ सखी–सखियाँ

7. ईकारान्त स्त्रीलिंग शब्दों को छोड़कर शेष स्त्रीलिंग शब्दों के साथ 'एँ' जोड़ने से बहुवचन बनता है। जैसे–

माला–मालाएँ

वस्तु–वस्तुएँ

8. याकारान्त स्त्रीलिंग शब्द के अन्त में चन्द्रबिन्दु जोड़ने से बहुवचन बनता है। जैसे–

चिड़िया–चिड़ियाँ

गुड़िया–गुड़ियाँ

9. ऊकारान्त स्त्रीलिंग संज्ञाओं के 'ऊ' को ह्रस्व बनाकर 'एँ' जोड़ने से बहुवचन बनता है। जैसे–

वधू–वधुएँ

बहू–बहुएँ

10. एकवचन संज्ञाओं के साथ गण, लोग, वृन्द, जन आदि समूहवाचक शब्द जोड़ने से बहुवचन बनता है। जैसे–

पाठकगण–अध्यापक वृन्द

विद्वान लोग–विद्वज्जन

विभक्ति–सहित रूप

1. अकारान्त, आकारान्त (संस्कृत शब्दों को छोड़कर) तथा एकारान्त संज्ञाओं में अन्तिम स्वर को 'ओं' कर देने से बहुवचन बनता है। जैसे–

हाथ में–हाथों में

आँख में–आँखों में

कुत्ते ने–कुत्तों ने

2. संस्कृत की आकारान्त तथा संस्कृत-हिन्दी की सभी उकारान्त, ऊकारान्त, अकारान्त, औकारान्त संज्ञाओं के बहुवचन बनाने के लिए अन्त में 'ओं' जोड़ा जाता है। जैसे–

लता पर–लताओं पर

माता से–माताओं से

पशु को–पशुओं को

3. सभी इकारान्त और ईकारान्त संज्ञाओं का बहुवचन बनाने के लिए अन्त में 'यों' जोड़ा जाता है। ईकारान्त संज्ञाओं में 'ई' को 'इ' करने के बाद ही 'यों' जोड़ा जाता है। जैसे–

मुनि से–मुनियों से

नदी में–नदियों में

विद्यार्थी को–विद्यार्थियों को

अभ्यास

1. वचन की परिभाषा लिखकर उसके भेद बताइए।
2. विभक्ति रहित संज्ञाओं के एकवचन से बहुवचन बनाने के नियम क्या-क्या हैं?
3. विभक्ति सहित संज्ञाओं के एकवचन से बहुवचन बनाने के नियम क्या-क्या हैं?
4. निम्नलिखित संज्ञाओं के वचन बदलिए–

हाथी, विद्यार्थी, मुनि, पक्षी, चिड़िया, बुढ़िया, आशा, छात्रा, नदी, पशु, बिन्दु, स्नायु, मामा, पाठक, चाचा।

अध्याय 7

कारक

संज्ञा या सर्वनाम के जिस रूप से वाक्य के अन्य शब्दों के साथ उसका सम्बन्ध प्रकट हो उसे **कारक** कहते हैं। जैसे–

अध्यापक ने विद्यार्थियों को पढ़ाया।

इस वाक्य में 'अध्यापक ने' और 'विद्यार्थियों को' भिन्न-भिन्न रूपवाले संज्ञा शब्द हैं, जिनसे उनका परस्पर तथा क्रिया के साथ सम्बन्ध प्रकट होता है। संज्ञा या सर्वनाम शब्दों के इन भिन्न-भिन्न रूपों को कारक कहते हैं।

कारकों को प्रकट करने के लिए संज्ञा या सर्वनाम के साथ 'ने', 'को' आदि जो शब्दांश लगते हैं, उन्हें विभक्ति चिह्न कहते हैं। हिन्दी में आठ कारक हैं जिनके विभक्ति चिह्न निम्नलिखित हैं–

कारक	**विभक्ति चिह्न**
कर्ता	ने
कर्म	को
करण	से
सम्प्रदान	को, के लिए, के वास्ते
अपादान	से
सम्बन्ध	का, के, की
अधिकरण	में, पर
सम्बोधन	हे, अरे

कर्ताकारक–संज्ञा या सर्वनाम के जिस रूप से कार्य करनेवाले का बोध होता है, उसे कर्ताकारक कहते हैं। कर्ताकारक की विभक्ति 'ने' है, किन्तु बिना विभक्ति के भी इसका प्रयोग होता है। जैसे–

राम ने रावण को मारा।

राधा नाचती है।

कर्म कारक–क्रिया के व्यापार का फल जिस वस्तु अथवा व्यक्ति पर पड़ता है, उसका बोध करानेवाले कारक को कर्म कारक कहते हैं। जैसे–

माँ ने बच्चे को बुलाया।

इस वाक्य में 'बुलाया' क्रिया के व्यापार का फल 'बच्चे' पर पड़ता है, अतः 'बच्चे को' कर्म कारक हुआ। कर्म कारक की विभक्ति 'को' है, लेकिन कुछ सन्दर्भों में यह विभक्ति लुप्त रहती है। जैसे–

मोहन ने **राम को** बुलाया।

मोहन ने **दूध** पिया।

दूसरे वाक्य में 'को' विभक्ति का प्रयोग नहीं हुआ है। बहुधा अप्राणिवाचक शब्दों के साथ 'को' नहीं जुड़ता।

करण कारक–संज्ञा या सर्वनाम के जिस रूप से क्रिया के साधन का बोध होता है उसे करण कारक कहते हैं। जैसे–

लड़का **कलम से** लिखता है।

इस वाक्य में 'लिखता' क्रिया का साधन 'कलम' है। अतः 'कलम से' करण कारक है।

सम्प्रदान कारक–जिसको कुछ दिया जाए अथवा जिसके लिए कुछ किया जाए उसका बोध करानेवाले कारक को सम्प्रदान कारक कहते हैं। 'को', 'के लिए', 'के वास्ते' इसकी विभक्तियाँ हैं। जैसे–

रामू को एक रुपया दो।

माँ ने **बच्चे के लिए** खिलौना खरीदा।

अपादान कारक–संज्ञा या सर्वनाम के जिस रूप से पृथकत्व या अलगाव प्रकट हो, उसे अपादान कारक कहते हैं। इसकी विभक्ति 'से' है। करण कारक की विभक्ति भी 'से' है, किन्तु दोनों कारकों के प्रयोगों में अर्थ-भेद है। जैसे–

हाथ से किताब गिर गयी।

लड़के **स्कूल से** लौट रहे हैं।

अपादान कारक का प्रयोग कुछ अन्य अर्थों में भी होता है। जैसे–

(क) किसी क्रिया के प्रारम्भ होने की सूचना में। जैसे–

आज से मेला शुरू हुआ। इस वाक्य में 'आज से' शब्द से मेले के प्रारम्भ होने का बोध होता है।

(ख) दो वस्तुओं की तुलना के लिए भी इस कारक का प्रयोग होता है। जैसे–राम **श्याम से** बड़ा है।

सम्बन्ध कारक–संज्ञा या सर्वनाम के जिस रूप से दूसरी वस्तु के साथ उसका सम्बन्ध मालूम होता है, उसे सम्बन्ध कारक कहते हैं। का, के, की इसकी विभक्तियाँ हैं। जैसे–

यह **राम का** घर है।

ये **राम के** बच्चे हैं।

यह **राम की** पुस्तक है।

अधिकरण कारक—संज्ञा या सर्वनाम के जिस रूप से क्रिया अथवा संज्ञा के आधार का बोध हो, उसे अधिकरण कारक कहते हैं। में, पर इसकी विभक्तियाँ हैं। जैसे—

इस **घर में** कौन रहता है?

मेज पर किताब रखी है।

सम्बोधन कारक—संज्ञा के जिस रूप से किसी को पुकारने अथवा चेताने का बोध होता हो उसे सम्बोधन कारक कहते हैं। इसके चिह्न 'हे', 'अरे', 'अहो', आदि हैं जो संज्ञा के आदि में लगते हैं। जैसे—हे राम! अरे दुष्ट!

संज्ञाओं की कारक-रचना

संज्ञाओं में विभक्ति के लगने पर उनका मूल रूप कभी अविकृत रहता है, तो कभी विकृत हो जाता है। जैसे—

रोटी और कपड़े का मूल्य बढ़ता जा रहा है।

इस वाक्य में पहली संज्ञा अविकृत है और दूसरी संज्ञा का रूप विकृत हो गया है। वस्तुतः कर्ता कारक और कर्म कारक में विभक्ति का प्रयोग न होने पर संज्ञा का रूप विकृत रहता है। (देखिए अध्याय 6 में विभक्ति सहित संज्ञाओं के बहुवचन रूप।)

कारकों के कुछ उदाहरण

'घोड़ा' शब्द

कारक	**एकवचन**	**बहुवचन**
कर्ता	घोड़ा, घोड़े ने	घोड़े, घोड़ों ने
कर्म	घोड़ा, घोड़े को	घोड़े, घोड़ों को
करण	घोड़े से	घोड़ों से
सम्प्रदान	घोड़े को , घोड़े के लिए	घोड़ों को, घोड़ों के लिए
अपादान	घोड़े से	घोड़ों से
सम्बन्ध	घोड़े का, घोड़े के, घोड़े की	घोड़ों का, घोड़ों के, घोड़ों की
अधिकरण	घोड़े में, घोड़े पर	घोड़ों में, घोड़ों पर
सम्बोधन	हे घोड़े	हे घोड़ों

'चाचा' शब्द

कर्ता	चाचा, चाचा ने	चाचा, चाचाओं ने
कर्म	चाचा को	चाचाओं को

करण	चाचा से	चाचाओं से
सम्प्रदान	चाचा को, चाचा के लिए	चाचाओं को, चाचाओं के लिए
अपादान	चाचा से	चाचाओं से
सम्बन्ध	चाचा का, चाचा के चाचा की	चाचाओं का, चाचाओं के, चाचाओं की
अधिकरण	चाचा में, चाचा पर	चाचाओं में, चाचाओं पर
सम्बोधन	हे चाचा	हे चाचाओ

'बालिका' शब्द

कर्ता	बालिका, बालिका ने	बालिकाएँ, बालिकाओं ने
कर्म	बालिका को	बालिकाओं को
करण	बालिका से	बालिकाओं से
सम्प्रदान	बालिका को, बालिका के लिए	बालिकाओं को, बालिकाओं के लिए
अपादान	बालिका से	बालिकाओं से
सम्बन्ध	बालिका का, बालिका के बालिका की	बालिकाओं का, बालिकाओं के, बालिकाओं की
अधिकरण	बालिका में, बालिका पर	बालिकाओं में, बालिकाओं पर
सम्बोधन	हे बालिका	हे बालिकाओं

'बुढ़िया' शब्द

कर्ता	बुढ़िया, बुढ़िया ने	बुढ़ियाँ, बुढ़ियों ने
कर्म	बुढ़िया को	बुढ़ियों को
करण	बुढ़िया से	बुढ़ियों से
सम्प्रदान	बुढ़िया को, बुढ़िया के लिए	बुढ़ियों को, बुढ़ियों के लिए
अपादान	बुढ़िया से	बुढ़ियों से
सम्बन्ध	बुढ़िया का, बुढ़िया के बुढ़िया की	बुढ़ियों का, बुढ़ियों के बुढ़ियों की
अभिकरण	बुढ़िया में, बुढ़िया पर	बुढ़ियों में, बुढ़ियों पर
सम्बोधन	हे बुढ़िया	हे बुढ़ियों

हिन्दी में प्रचलित संस्कृत तत्सम शब्दों के एकवचन सम्बोधन कारक रूप उच्चकोटि की साहित्यिक भाषा और कविता में कभी-कभी संस्कृत की ही शैली में प्रयुक्त होते हैं। जैसे–

आकारान्त शब्द–कविते, बालिके, सखे आदि।

इकारान्त शब्द–मुने, हरे, सखे आदि।

ईकारान्त शब्द–पुत्रि, मानिनि, जननि आदि।

उकारान्त शब्द—प्रभो, बन्धो, शम्भो आदि।

अभ्यास

1. कारक क्या है? सोदाहरण स्पष्ट कीजिए।
2. कारक कितने प्रकार के हैं? प्रत्येक की परिभाषा दीजिए।
3. 'को' विभक्ति के विविध कारक-रूपों का परिचय दीजिए।
4. 'से' विभक्ति के विविध कारक-रूपों का परिचय दीजिए।
5. निम्नलिखित संज्ञाओं के सभी कारक-रूप लिखिए—
   लड़का, नदी, मुनि, बहू, बुढ़िया, पिता।
6. निम्नलिखित वाक्यों में संज्ञा-शब्दों के कारक बताइए—
   आज के संसार का भविष्य वैज्ञानिकों के हाथ में है। वैज्ञानिक को मानवतावादी होना चाहिए। संहारक शस्त्रों का निर्माण मानवता को किधर ले जा रहा है, यह किसी से छिपा नहीं है।

अध्याय 8

सर्वनाम

सर्वनाम वह विकारी शब्द है, जो संज्ञा की पुनरुक्ति को दूर करने के लिए उसके ही अर्थ में प्रयुक्त होता है। जैसे–

राम ने कृष्ण से कहा कि **मैं तुमसे** कल मिलूँगा।

इस वाक्य में 'मैं' और 'तुम' सर्वनाम हैं।

प्रयोग के अनुसार सर्वनाम के छः भेद हैं–

1. पुरुषवाचक
2. निजवाचक
3. निश्चयवाचक
4. अनिश्चयवाचक
5. सम्बन्ध्वाचक
6. प्रश्नवाचक

पुरुषवाचक–जिस सर्वनाम के द्वारा बोलनेवाले का, सुननेवाले का अथवा जिस व्यक्ति के सम्बन्ध में बोला जाता है, उसका बोध हो, उसे पुरुषवाचक सर्वनाम कहते हैं।

पुरुषवाचक सर्वनाम तीन प्रकार के होते हैं–

1. उत्तम पुरुष 2. मध्यम पुरुष 3. अन्य पुरुष

उत्तम पुरुष–बोलनेवाले, अथवा लिखनेवाले व्यक्तियों के स्थान पर जिन सर्वनामों का प्रयोग होता है, उन्हें उत्तम पुरुष सर्वनाम कहते हैं। जैसे–मैं, हम।

मध्यम पुरुष–श्रोता अर्थात् सुननेवाले के लिए प्रयुक्त होनेवाले सर्वनाम मध्यम पुरुष सर्वनाम कहलाते हैं। जैसे–तू, तुम, आप।

अन्य पुरुष–जिसके विषय में कुछ कहा जाय या लिखा जाय उसके लिए प्रयुक्त होनेवाले सर्वनामों की अन्यपुरुष सर्वनाम कहते हैं। जैसे–यह, वह, ये, वे।

पुरुषवाचक सर्वनामों के बारे में निम्नलिखित बातें ध्यान में रखनी चाहिए–

(क) 'हम' सर्वनाम बहुवचन है, पर कई बार एकवचन में भी इसका प्रयोग किया जाता है। बड़े-बड़े अधिकारी, सम्पादक आदि अपने बड़प्पन को प्रकट करने

के लिए 'मैं' के स्थान पर 'हम' का प्रयोग करते हैं। जैसे—हम आदेश देते हैं कि कोई भी कर्मचारी हड़ताल न करे। इस अंक में हम खेल-कूद के शौकीन पाठकों के लिए विशेष सामग्री प्रस्तुत करेंगे।

(ख) 'ये' और 'वे' बहुवचन सर्वनाम हैं पर बड़े और आदरणीय व्यक्तियों के लिए 'यह', 'वह' के स्थान पर 'ये', 'वे' का प्रयोग सम्मान दिखाने के लिए किया जाता है। जैसे—

वे (रांष्ट्रपति) आज राष्ट्र के नाम सन्देश प्रसारित करेंगे।

(ग) 'तू' सर्वनाम का एकवचन में प्रयोग या तो अपने से बहुत छोटों के लिए किया जाता है, या किसी का निरादर करने के लिए। जैसे—

तू चुप रहता है कि नहीं?
बेटा, तू यहीं ठहर।

(घ) 'तुम' सर्वनाम का एकवचन और बहुवचन दोनों में प्रयोग होता है। जैसे—

यार, तुम मेरी बात मानोगे?
बच्चों, तुम कहानी सुनोगे?

(ङ.) बहुवचन 'आप' शब्द का प्रयोग आदर दिखाने के लिए ही एकवचन के रूप में किया जाता है। जैसे—

पिताजी, आप इतने दिन कहाँ थे?

निजवाचक सर्वनाम— जो सर्वनाम अपने आप के लिए प्रयुक्त किया जाय, उसे निजवाचक सर्वनाम कहते हैं। जैसे—

मैं आप यह काम करूँगा।
राधा स्वयं गाड़ी चलाती है।
वह अपने आप चला गया।

उपर्युक्त वाक्यों में प्रयुक्त निजवाचक सर्वनाम 'आप' पुरुषवाचक सर्वनाम 'आप' से सर्वथा भिन्न है। पुरुषवाचक सर्वनाम 'आप' का प्रयोग केवल मध्यम पुरुष और अन्य पुरुष में सम्मानार्थ होता है लेकिन निजवाचक सर्वनाम का प्रयोग तीनों पुरुषों में होता है। निजवाचक 'आप' पुरुषवाचक सर्वनाम के साथ प्रयुक्त होता है जबकि पुरुषवाचक सर्वनाम 'आप' वाक्य में अकेले और स्वतन्त्र रूप में प्रयुक्त होता है। कभी-कभी निजवाचक 'आप' के स्थान पर 'अपना' का प्रयोग होता है। 'अपना' शब्द 'आप' का ही रूपान्तर है।

निश्चयवाचक सर्वनाम—यह, वह, ये, वे।

अनिश्चयवाचक सर्वनाम—जिस सर्वनाम से किसी निश्चित व्यक्ति अथवा वस्तु का बोध न हो, उसे अनिश्चयवाचक सर्वनाम कहते हैं। जैसे—

देखो, मेरे घर में **कोई** आया था।
कोई-कोई ईश्वर को नहीं मानते।

कुछ झगड़ने में ही प्रसन्न रहते हैं।

सम्बन्धवाचक सर्वनाम—जो सर्वनाम दो व्यक्तियों का, दो वस्तुओं का अथवा दो बातों का परस्पर सम्बन्ध बतलाते हैं उन्हें सम्बन्धवाचक सर्वनाम कहते हैं। जैसे—

जो पढ़ेगा **वह** पास होगा।

यही वह पुस्तक है **जो** मैंने दिल्ली में खरीदी थी।

प्रश्नवाचक सर्वनाम—जो सर्वनाम प्रश्न करने के लिए आते हैं उन्हें प्रश्नवाचक सर्वनाम कहते हैं। जैसे—

बाहर **कौन** खड़ा है?
तुम्हें **क्या** चाहिए?
कौन-कौन आये हैं?
क्या-क्या ले आये?

सर्वनामों की कारक-रचना

सर्वनाम शब्दों में केवल वचन और कारक के अनुसार विकास होता है, लिंग के अनुसार नहीं। केवल सम्बन्ध कारक में कुछेक सर्वनामों से लिंग-भेद प्रकट होता है। जैसे—मेरा-मेरी, तुम्हारा-तुम्हारी आदि। सर्वनाम शब्दों का सम्बोधन नहीं होता।

पुरुषवाचक 'मैं' शब्द

कारक	**एकवचन**	**बहुवचन**
कर्ता	मैं, मैंने	हम, हमने
कर्म	मुझको, मुझे	हमको, हमें
करण	मुझसे	हमसे
सम्प्रदान	मुझको, मुझे मेरे लिए	हमको, हमें, हमारे लिए
अपादान	मुझसे	हमसे
सम्बन्ध	मेरा, मेरे, मेरी	हमारा, हमारे, हमारी
अधिकरण	मुझमें, मुझ पर	हममें, हम पर

पुरुषवाचक 'तू' शब्द

तू, तूने	तुम, तुमने
तुझको, तुझे	तुमको, तुम्हें
तुझसे	तुमसे
तुझे, तेरे लिए	तुम्हें, तुम्हारे लिए
तेरा, तेरी, तेरे	तुम्हारा, तुम्हारी, तुम्हारे

तुझमें, तुझ पर	तुम में, तुम पर

पुरुषवाचक 'यह' शब्द

यह, इसने	ये, इन्होंने
इसको, इसे	इनको, इन्हें
इससे	इनसे
इसे, इसके लिए	इन्हें, इनके लिए
इसका, इसके, इसकी	इनका, इनके, इनकी
इसमें, इसपर	इनमें, इनपर

पुरुषवाचक 'आप' शब्द

आप, आप ने	आप लोग, आप लोगों ने
आप को	आप लोगों को
आप से	आप लोगों से
आपको, आप के लिए	आप लोगों को, आप लोगों के लिए
आप से	आप लोगों से
आपका, आपके, आपकी	आप लोगों का, आप लोगों के, आप लोगों की
आप में, आप पर	आप लोगों में , आप लोगों पर

निजवाचक 'आप' शब्द

आप	इसका बहुवचन नहीं होता।

आपको, अपने को, अपने आपको
आपसे, अपने से, अपने आपसे
आपको, अपने को, अपने आपको
आपसे, अपने से, अपने आपसे
अपना, अपने, अपनी
आपमें, अपने में, अपने आप में
आप पर, अपने पर, अपने आप पर

अनिश्चयवाचक 'कोई' शब्द

कोई, किसी ने	कोई, किन्हीं ने
किसी को	किन्हीं को
किसी से	किन्हीं से
किसी को, किसी के लिए, किसी से	किन्हीं को, किन्हीं के लिए, किन्हीं से
किसी का, किसी के, किसी की	किन्हीं का, किन्हीं के, किन्हीं की

किसी में, किसी पर	किन्हीं में, किन्हीं पर

सम्बन्धवाचक 'जो' शब्द

जो, जिसने	जो, जिन्होंने
जिसको, जिसे	जिनको, जिन्हें
जिससे	जिनसे
जिसको, जिसके लिए	जिनको, जिनके लिए
जिससे	जिनसे
जिसका, जिसके, जिसकी	जिनका, जिनके, जिनकी
जिसमें, जिसपर	जिनमें, जिनपर

अभ्यास

1. सर्वनाम की परिभाषा लिखकर उसके भेद बताइए।
2. पुरुषवाचक सर्वनाम के भेद सोदाहरण स्पष्ट कीजिए।
3. पुरुषवाचक 'आप' और निजवाचक 'आप' में क्या अन्तर है?
4. निम्नलिखित सर्वनामों के कारक-रूप लिखिए–
   मैं, निजवाचक 'आप', कौन, कोई।

अध्याय 9

विशेषण

विशेषण वह विकारी शब्द है जिससे संज्ञा या सर्वनाम की **विशेषता**, गुण, धर्म आदि प्रकट होते हैं। जैसे–

राम **अच्छा** लड़का है।

सीता **अच्छी** लड़की है।

उद्यान में **सुन्दर** फूल खिले हैं।

ऊपर के वाक्यों में 'अच्छा', 'अच्छी' और 'सुन्दर' शब्द विशेषण हैं।

विशेषण के द्वारा जिस शब्द की विशेषता प्रकट हो, उसे **विशेष्य** कहते हैं। उपर्युक्त वाक्यों में 'अच्छा', 'अच्छी' और 'सुन्दर' शब्द क्रमशः 'लड़का', 'लड़की' और 'फूल' की विशेषता प्रकट करते हैं। अतः 'लड़का', 'लड़की' और 'फूल' विशेष्य हैं।

हिन्दी में विशेष्य के लिंग और वचन के कारण विशेषण के रूपों में परिवर्तन होता है। जैसे–

अच्छा लड़का, **अच्छे** लड़के, **अच्छी** लड़की।

विशेषण शब्द अकारान्त अथवा उकारान्त हों तो उनमें कोई परिवर्तन नहीं होता। जैसे–

होशियार लड़का–होशियार लड़की

भीरु पुरुष–भीरु स्त्री

आकारान्त शब्दों के स्त्रीलिंग के दोनों वचनों में 'आ', 'ई' में और पुल्लिंग में 'आ', 'ए' में बदल जाता है। जैसे–

बुरा लड़का	बुरे लड़के
बुरी लड़की	बुंरी लड़कियाँ
बुरे लड़के ने	बुरे लड़कों ने

विशेषण के भेद

विशेषण के चार भेद हैं–

1. गुणवाचक 2. संख्यावाचक 3. परिमाणवाचक 4. सार्वनामिक

गुणवाचक—जिस विशेषण से संज्ञा या सर्वनाम के गुण, रंग, आकार, दशा, काल, स्थान आदि का बोध हो उसे गुणवाचक विशेषण कहते हैं। इनके कुछ मुख्य रूप इस प्रकार हैं—

गुण—भला, बुरा, सच्चा, झूठा, दुष्ट, पापी, सीधा आदि।

रंग—लाल, पीला, काला, हरा, सुनहरा, धुँधला, फीका आदि।

आकार—लम्बा, चौड़ा, सीधा, तिरछा, गोल आदि।

दशा—गरीब, अमीर, दुबला, पतला, मोटा, भारी आदि।

काल—भूत, वर्तमान, भविष्य, प्राचीन, अगला, पिछला, आदि।

स्थान—भीतरी, बाहरी, ऊपरी, दायाँ, बायाँ, अमरीकी, भारतीय आदि।

संख्यावाचक—जिस विशेषण से किसी संज्ञा या सर्वनाम की संख्या का बोध हो उसे संख्यावाचक विशेषण कहते हैं। इसके दो भेद हैं—1. निश्चित संख्यावाचक 2. अनिश्चित संख्यावाचक।

निश्चित संख्यावाचक विशेषण के पुनः छः भेद हैं—

1. पूर्णांकबोधक—एक, दो, सौ, चार सौ, लाख आदि।
2. अपूर्णांकबोधक—आधा, पौन, पाव, सवा, तीन चौथाई आदि।
3. क्रमवाचक—पहला, दूसरा, सातवाँ, दसवाँ आदि।
4. आवृत्तिवाचक—दुगना, तिगुना, चौगुना आदि।
5. समूहवाचक—दोनों, चारों, दसों, हजारों आदि।
6. प्रत्येकवाचक—प्रति, प्रत्येक, हर एक आदि।

अनिश्चित संख्यावाचक—इस विशेषण से किसी अनिश्चित संख्या का ही बोध होता है। जैसे—**कुछ** लड़के! **कई** लड़कियाँ, **अनेक** बच्चे।

परिमाणवाचक—जिस विशेषण से किसी वस्तु की माप, तोल अथवा परिमाण का बोध होता है उसे परिमाणवाचक विशेषण कहते हैं। इसके दो भेद हैं—1. निश्चित परिमाणवाचक 2. अनिश्चित परिमाणवाचक।

निश्चित परिमाण बताने के लिए वस्तु के साथ संख्यावाचक विशेषण जोड़ा जाता है। जैसे—

सवा सेर गेहूँ।

पाँच मन चावल।

पाव भर चीनी।

अनिश्चित परिमाणवाचक विशेषण निम्नलिखित हैं—

थोड़ा, बहुत, ज्यादा, पूरा, समूचा, अधूरा, पर्याप्त, काफी, यथेष्ट, जरा, कम, सारा, कुछ, अधिक आदि।

सार्वनामिक–सर्वनाम यदि विशेषण के रूप में प्रयुक्त हो, तो वह सार्वनामिक विशेषण कहलाता है। जैसे–

वह घर मेरा है।
यह लड़की कहाँ रहती है?
कौन महाशय आये हैं?
उस बच्चे का नाम क्या है?

विशेषणों के रूपान्तर

विशेष्य के लिंग, वचन और कारक के कारण विशेषण में जो विकार उत्पन्न होते हैं, उन्हें विशेषणों के रूपान्तर कहते हैं।

लिंग, वचन और कारक के कारण केवल आकारान्त विशेषणों में ही विकार होता है। आकारान्त विशेषण पुल्लिंग बहुवचन में एकारान्त और स्त्रीलिंग के दोनों वचनों में ईकारान्त हो जाता है। जैसे–

पुल्लिंग एकवचन	पुल्लिंग बहुवचन	स्त्रीलिंग के दोनों वचन
अच्छा	अच्छे	अच्छी
काला	काले	काली
नीला	नीले	नीली
सस्ता	सस्ते	सस्ती

अपवाद : ज़रा, ज़िन्दा, मौजूदा, बढ़िया, पेचीदा आदि आकारान्त विशेषणों में कोई परिवर्तन नहीं होता।

हिन्दी में विशेष्य के कारण अकारान्त विशेषण के रूपों में कोई परिवर्तन नहीं होता। जैसे–सुन्दर बालिका, सुन्दर बालक आदि, लेकिन संस्कृत के गुणवाचक विशेषणों में विशेष्य के कारण कभी-कभी परिवर्तन हो जाता है। जैसे–

हिन्दी	संस्कृत रूप
सुन्दर नारी	सुन्दरी नारी
चंचल बालिका	चंचला बालिका

लुप्त विशेष्य के विशेषण में भी विकार होता है। यह विकार विशेषण के लिंग, वचन और कारक के अनुरूप होता है। जैसे–

उतना खाओ जितना पचा सको।
उतना ही (दूर) चलो, जितनी चल सकते हो।

विशेषणों की तुलना

तुलना की दृष्टि से विशेषणों की तीन अवस्थाएँ मानी जाती हैं–

1. मूलावस्था 2. उत्तरावस्था 3. उत्तमावस्था।

मूलावस्था–जिस अवस्था में विशेषण अपने मूल रूप में हो अर्थात् विशेष्य की अन्य से तुलना नहीं की जाती, उसे मूलावस्था कहते हैं। जैसे–

राम अच्छा लड़का है।

केला मीठा फल है।

उत्तरावस्था–जिस अवस्था में एक विशेष्य को दूसरे से घटकर या बढ़कर दिखाया जाय उसे उत्तरावस्था कहते हैं। जैसे–

गंगा यमुना से बड़ी है।

राधा रमा से अधिक सुन्दर है।

उत्तरावस्था को दिखाने के लिए से, तर, अपेक्षा, अधिक आदि प्रत्यय लगाये जाते हैं। जैसे–

मोहन सोहन से चतुर है।

सोने की अपेक्षा चाँदी सस्ती है।

राधा रमा से अधिक रूपवती है।

उत्तमावस्था–जिस अवस्था में एक विशेष्य को अन्य की तुलना में सबसे घटकर या सबसे बढ़कर बताया जाय उसे उत्तमावस्था कहते हैं। उत्तमावस्था दिखाने के लिए सब, सबसे, सबमें आदि का प्रयोग किया जाता है। जैसे–

गंगा सबसे पवित्र नदी है।

अमरीका सबसे सम्पन्न देश है।

संस्कृत के तत्सम् विशेषणों को तर या तम लगाकर क्रमशः उत्तरावस्था या उत्तमावस्था का विशेषण बना लिया जाता है।

हिन्दी में भी इनका प्रयोग होता है। जैसे–

मूलावस्था	**उत्तरावस्था**	**उत्तमावस्था**
सुन्दर	सुन्दरतर	सुन्दरतम
प्रिय	प्रियतर	प्रियतम
अधिक	अधिकतर	अधिकतम
उच्च	उच्चतर	उच्चतम

विशेषणों की व्युत्पत्ति

कुछ **विशेषण** मूलतः विशेषण ही होते हैं। जैसे–काला, लम्बा, ऊँचा, मोटा आदि।

पर कुछ विशेषण संज्ञा, सर्वनाम अथवा क्रिया से बनाये जाते हैं। विशेषण बनाने के लिए इन शब्दों के साथ कुछ प्रत्यय लगाये जाते हैं। जैसे–

इक–धर्म–धार्मिक,	दिन–दैनिक,	सप्ताह–साप्ताहिक।
वी–तप–तपस्वी,	मन–मनस्वी।	
य, ईय	भारत–भारतीय,	ग्राम–ग्राम्य।
इत–	व्यथा–व्यथित,	ग्राम–ग्राम्य।
ई–	प्रेम–प्रेमी,	धन–धनी।
वान, मान–	धन–धनवान,	बुद्धि–बुद्धिमान।
ला–	रंग–रंगीला।	
रा–	हत्या–हत्यारा।	
आड़ी–	खेल–खिलाड़ी।	
लु–	दया–दयालु,	कृपा–कृपालु।

अभ्यास

1. विशेषण किसे कहते हैं? उदाहरण देकर स्पष्ट कीजिए।
2. विशेषण कितने प्रकार के हैं? सोदाहरण स्पष्ट कीजिए।
3. विशेषण किसे कहते हैं? उदाहरण देकर स्पष्ट कीजिए।
4. विशेषणों के रूपान्तर से क्या तात्पर्य है? उदाहरण देकर समझाइए।
5. तुलना की दृष्टि से विशेषण की कितनी अवस्थाएँ हैं? एक-एक का उदाहरण दीजिए।
6. सार्वनामिक विशेषण और सर्वनाम में क्या अन्तर है?
7. निम्नलिखित वाक्यों में सर्वनाम और सार्वनामिक विशेषण बताइए–

   (क) वह बच्चा होनहार है।
वह मेरा भाई है।

   (ख) इस घर में कौन रहता है?
इसमें कहानियाँ हैं।

   (ग) इस पुस्तक का दाम क्या है?
यह किसकी पुस्तक है?

8. निम्नलिखित शब्दों के विशेषण-रूप लिखिए–

   दिन, ठंड, मद्रास, सप्ताह, वर्ष, घर, धैर्य, भाग्य, परिश्रम, इतिहास, पुराण।

अध्याय 10

क्रिया

जिस शब्द से किसी काम का करना या होना समझा जाए उसे क्रिया कहते हैं। जैसे– आना, जाना, करना, दौड़ना आदि। क्रिया विकारी शब्द है, जिसके रूप लिंग, वचन और पुरुष के अनुसार बदलते हैं।

धातु–जिन मूल शब्दों से क्रियाएँ बनती हैं, उन्हें धातु कहते हैं। धातु में 'ना' जोड़ने से क्रिया का सामान्य रूप बनता हैं। जैसे–पढ़ + न= पढ़ना, चढ़ + ना = चढ़ना। मूल धातु में विकार होने से ही क्रिया के अन्य रूप बनते हैं। जैसे–

'दौड़' से दौड़ना, दौड़ता, दौड़ा, दौड़ी, दौड़ेगा, दौड़ेंगे, दौड़ो आदि।

कर्त्ता, कर्म और क्रिया

वाक्य में कर्त्ता, कर्म और क्रिया का महत्त्वपूर्ण स्थान है। क्रिया के करनेवाले को कर्त्ता कहते हैं; क्रिया का फल कर्त्ता से हटकर जिसपर पड़ता है, उसे कर्म कहते हैं और उनके द्वारा होने वाले कार्य को क्रिया कहते हैं। जैसे–

'राम पुस्तक पढ़ता है।'

इस वाक्य में 'राम' कर्त्ता है, 'पुस्तक' कर्म है और 'पढ़ता है' क्रिया है।

क्रिया के भेद

क्रिया के दो भेद हैं–1. सकर्मक 2. अकर्मक।

सकर्मक क्रिया उसे कहते हैं जिसमें क्रिया का फल कर्त्ता पर न पड़कर कर्म पर पड़ता है। जैसे–

सीता ने आम खाया।

गोपाल हिन्दी सीखता है।

उपर्युक्त वाक्यों में खाने और सीखने क्रिया का फल क्रमशः 'आम' और 'हिन्दी' पर पड़ता है, अतः ये सकर्मक क्रियाएँ हैं।

अकर्मक क्रिया वह है जिसमें क्रिया का फल कर्त्ता पर ही पड़ता है। जैसे–

लड़की **नाचती है।**

शंकर **सोता है।**

उपर्युक्त वाक्यों में कर्त्ता ही व्यापार और फल दोनों का भोक्ता है परन्तु सकर्मक क्रिया में इससे भिन्नता होती है। वहाँ कर्त्ता केवल व्यापार करता है और उसका फल कर्म पर पड़ता है।

सकर्मक और अकर्मक क्रियाओं की पहचान

सकर्मक और अकर्मक क्रियाओं की पहचान 'क्या', 'किसे' या 'किसको' आदि प्रश्न करने से होती है। यदि कुछ उत्तर मिले तो समझना चाहिए कि क्रिया सकर्मक है और यदि न मिले तो अकर्मक होगी। उदाहरण के लिए 'पढ़ता है' क्रिया से 'क्या पढ़ता है' प्रश्न किये जाने पर उत्तर मिलेगा–'हिन्दी पढ़ता है', 'तमिल पढ़ता है' आदि। अतः 'पढ़ता है' सकर्मक क्रिया है। इसी प्रकार 'आता है' और 'जाता है' क्रिया से 'क्या', 'किसे', 'किसको' लगातार प्रश्न किये जाने पर कोई उत्तर नहीं मिलता। अतः ये क्रियाएँ अकर्मक हैं।

कुछ क्रियाएँ ऐसी हैं जो सकर्मक और अकर्मक दोनों रूपों में प्रयुक्त होती हैं। जैसे–खुजलाना, ललचाना, घबराना, लजाना, भरना आदि।

द्विकर्मक क्रिया

कुछ क्रियाएँ ऐसी हैं जिनमें अर्थ की पूर्णता के लिए दो कर्मों की आवश्यकता होती है। ऐसी क्रियाओं को द्विकर्मक क्रियाएँ कहते हैं। जैसे–मैंने बच्चे को कहानी सुनायी। इस वाक्य में दो कर्म हैं–'बच्चे को' और 'कहानी'।

द्विकर्मक क्रिया में दो कर्म होते हैं–1. मुख्य कर्म 2. गौण कर्म।

मुख्य कर्म–जिस कर्म पर क्रिया का फल अधिक पड़ता है, मुख्य कर्म कहलाता है। यह कर्म पदार्थबोधक होता है और क्रिया के अधिक निकट होता है। जैसे अध्यापक ने लड़के को ईनाम दिया, इस वाक्य में 'इनाम' मुख्य कर्म है जो पदार्थबोधक है और क्रिया के निकट भी है।

गौण कर्म–जिस कर्म पर क्रिया का फल कम पड़ता है, गौण कर्म कहलाता है। यह कर्म साधारणतया प्राणिवाचक होता है और क्रिया से दूर रहता है। जैसे–'अध्यापक ने लड़के को इनाम दिया।' इस वाक्य में 'लड़के को' गौण कर्म है।

व्युत्पत्ति के अनुसार क्रिया के भेद

व्युत्पत्ति के अनुसार क्रिया के दो भेद हैं–

1. मूल धातु 2. यौगिक धातु।

मूल धातु–जो धातु दूसरी धातुओं से स्वतन्त्र रहकर प्रयुक्त हो, वह मूल धातु कहलाती है। जैसे–आ, जा, पढ़, लिख, चल आदि।

यौगिक धातु–जो धातु अन्य धातुओं से निर्मित होती है, यौगिक धातु कहलाती है। जैसे–

'गा' धातु में से 'गवा'।

'उठ' धातु में से 'उठा' और 'उठवा'।

'कर' धातु में से 'करा' और 'करवा'।

यौगिक धातु चार प्रकार की हैं–

1. प्रेरणार्थक क्रिया–जिस क्रिया के व्यापार में कर्त्ता कार्य स्वयं न करके केवल करने की प्रेरणा देता है, उसे प्रेरणार्थक क्रिया कहते हैं। जैसे–करवाना, लिखवाना, पढ़वाना आदि।

प्रेरणार्थक क्रिया बनाने के कुछ नियम इस प्रकार हैं–

1. सकर्मक धातु के दीर्घ स्वर को ह्रस्व करके धातु में 'ला' और 'लवा' जोड़कर क्रमशः द्विकर्मक क्रिया और प्रेरणार्थक क्रिया बनायी जाती है। जैसे–

मूल क्रिया	**द्विकर्मक क्रिया**	**प्रेरणार्थक क्रिया**
पीना	पिलाना	पिलवाना
खाना	खिलाना	खिलवाना
जीना	जिलाना	जिलवाना

2. मूल धातु में 'आ' और 'वा' जोड़ने से क्रमशः द्विकर्मक तथा प्रेरणार्थक क्रिया बनती है। जैसे–

पढ़ना	पढ़ाना	पढ़वाना
चलना	चलाना	चलवाना
सुनना	सुनाना	सुनवाना

3. तीन अक्षर वाली कुछ अकर्मक धातुओं के दूसरे अक्षर को दीर्घ करके सकर्मक क्रिया तथा तृतीय वर्ण के आगे 'वाना' जोड़ने से प्रेरणार्थक क्रिया बनती है। जैसे–

अकर्मक क्रिया	**सकर्मकम क्रिया**	**प्रेरणार्थक क्रिया**
चमकना	चमकाना	चमकवाना
तड़पना	तड़पाना	तड़पवाना
निकलना	निकालना	निकलवाना

4. कुछ अकर्मक धातुओं के प्रथम अक्षर को दीर्घ करके 'सकर्मक' तथा मूल धातु में 'वा' जोड़कर प्रेरणार्थक क्रिया बनाई जाती है। जैसे–

लुटना	लूटना	लुटवाना
मरना	मारना	मरवाना
कटना	काटना	कटवाना

5. कुछ अकर्मक धातुओं से सकर्मक तथा प्रेरणार्थक क्रिया बनाने के नियम निश्चित नहीं हैं। जैसे–

डूबना	डुबोना	डुबवाना
टूटना	तोड़ना	तुड़वाना
फटना	फाड़ना	फड़वाना

नामधातु क्रिया

क्रिया के अतिरिक्त अन्य शब्दों में प्रत्यय जोड़कर जो क्रिया बनायी जाती है, उसे नामधातु क्रिया कहते हैं। जैसे–

रंग–रंगना
हाथ–हथियाना
अपना–अपनाना
स्वीकार–स्वीकारना
दुख–दुखाना
शर्म–शर्माना

संयुक्त क्रिया

दो या दो से अधिक धातुओं से मिलकर बननेवाली क्रियाएँ संयुक्त क्रियाएँ कहलाती हैं। जैसे–

खा जाना, चिल्ला उठना, कह देना आदि।

संयुक्त क्रिया के मुख्य भेद निम्नलिखित हैं–

1. **आरम्भबोधक**–जिस संयुक्त क्रिया से क्रिया के आरम्भ होने का बोध होता है उसे आरम्भबोधक संयुक्त क्रिया कहते हैं। जैसे–

वह रोने लगा। लड़की नाचने लगी।

2. **समाप्तिबोधक**–जिस संयुक्त क्रिया से मुख्य क्रिया की समाप्ति का बोध हो, उसे समाप्तिबोधक कहते हैं। धातु के आगे 'चुकना' जोड़ने से समाप्तिबोधक क्रिया बनती है। जैसे– मैं खा चुका। लड़के खेल चुके।
3. **शक्तिबोधक**–इससे कार्य करने की शक्ति का बोध होता है। धातु के आगे 'सकना' जोड़ने से शक्तिबोधक क्रिया बनती है। जैसे–

मैं तैर सकता हूँ। लड़कियाँ नाच सकती हैं।

4. **निश्चयबोधक**—जिस क्रिया से किसी कार्य के निश्चित रूप से करने या होने का बोध हो, उसे निश्चयबोधक कहते हैं। जैसे—
वे बोल उठे। लड़कियाँ चिल्ला उठीं। बच्चा गिर पड़ा।

5. **अवकाशबोधक**—जिससे क्रिया को निष्पन्न करने के लिए अवकाश का बोध हो, उसे अवकाशबोधक क्रिया कहते हैं। जैसे—
वह मुश्किल से पढ़ने पाया। बच्चा चलने नहीं पाया।

6. **अनुमतिबोधक**—जिससे कार्य करने की अनुमति दिये जाने का बोध हो, उसे अनुमतिबोधक क्रिया कहते हैं। जैसे—
मुझे पढ़ने दो। अध्यापक ने बच्चों को खेलने दिया।

7. **नित्यताबोधक**—जिससे कार्य की नित्यता, उसके बन्द न होने का भाव प्रकट हो, उसे नित्यताबोधक क्रिया कहते हैं। जैसे—
हवा चल रही है। धुआँ उड़ता रहा। बच्चे बोलते गये।

8. **आवश्यकताबोधक**—जिससे कार्य की आवश्यकता या कर्त्तव्य का बोध हो, उसे आवश्यकताबोधक क्रिया कहते हैं। मुख्य क्रिया के साथ 'पड़ना', 'होने' या 'चाहिए' जोड़ने से आवश्यकताबोधक क्रिया बनती है। जैसे—
मुझे भाषण देना पड़ा। हमको हिन्दी पढ़नी चाहिए। मुझे कल मुम्बई जाना है।

9. **इच्छाबोधक**—इससे क्रिया के करने की इच्छा प्रकट होती है। क्रिया के साधारण रूप में 'चाहना' क्रिया जोड़ने से इच्छाबोधक संयुक्त क्रिया बनती है। जैसे—
मैं पढ़ना चाहता हूँ। लड़के खेलना चाहते हैं।

10. **अभ्यासबोधक**—इससे क्रिया के करने के अभ्यास का बोध होता है। सामान्य भूतकाल की क्रिया में 'करना' क्रिया लगाने से अभ्यासबोधक संयुक्त क्रिया बनती है। जैसे – वह पढ़ा करता है। बच्चे रोया करते हैं। लड़की जाया करती है।

11. **पुनरुक्त संयुक्त क्रिया**—जब दो समानार्थक या समान ध्वनिवाली क्रियाओं का संयोग होता है, तब उन्हें पुनरुक्त संयुक्त क्रिया कहते हैं जैसे—
वह अपने पड़ोसियों से मिलता-जुलता रहता है। राम जंगल में घूमता-फिरता रहा।

सहायक क्रिया

मुख्य क्रिया के रूप को पूरा करनेवाली क्रियाएँ सहायक क्रियाएँ कहलाती हैं।

कभी एक क्रिया और कभी एक से अधिक क्रियाएँ सहायक होती है। जैसे—

वह जाता है। मैंने पढ़ा था। वे सोच रहे थे।

संयुक्त क्रियाओं में दूसरी क्रियाएँ—सकना, चुकना, लगना, पाना, देना, लेना, उठना, बैठना, डालना आदि भी सहायक क्रियाएँ होती हैं। हिन्दी में सहायक क्रियाओं का व्यापक प्रयोग होता है। इनके हेर-फेर से क्रिया का अर्थ भी बदल जाता है।

अभ्यास

1. क्रिया की परिभाषा लिखकर उदाहरण सहित समझाइए।
2. क्रिया का सामान्य रूप और धातु से क्या तात्पर्य है?
3. अकर्मक और सकर्मक क्रियाओं की परिभाषा दीजिए। उन्हें पहचानने का तरीका क्या है?
4. द्विकर्मक क्रिया से क्या तात्पर्य है? उदाहरण देकर समझाइए।
5. व्युत्पत्ति के अनुसार क्रिया के कितने भेद हैं? उदाहरण सहित समझाइए।
6. प्रेरणार्थक क्रिया बनाने के मुख्य नियम क्या-क्या हैं?
7. संयुक्त क्रिया के विविध रूपों का परिचय दीजिए।

8. सहायक क्रिया से क्या तात्पर्य है? उदाहरण देकर समझाइए।
9. निम्नलिखित धातुओं के प्रेरणार्थक रूप लिखिए—
देख, धो, बैठ, चढ़, उठ, रो, बन, लिख।
10. निम्नलिखित अकर्मक क्रियाओं को सकर्मक बनाइए—
चल, सो, जी, लड़, डूब, भाग, लेट, भीग, सीख।

अध्याय 11

क्रिया के रूपान्तर—काल

क्रियाओं में काल, प्रकार, वाच्य, लिंग, वचन तथा पुरुष के कारण विकार अथवा रूपान्तर होता है। जैसे—

काल—राम सोता है। राम सोएगा। राम सोया।
प्रकार—वह पढ़ता है। तू पढ़। तुम पढ़ो।
वाच्य—राम पुस्तक पढ़ता है। राम से पुस्तक पढ़ी जाती है।
लिंग—राम चलता है। सीता चलती है।
वचन—लड़का दौड़ता है। लड़के दौड़ते हैं।
पुरुष—मैं पढ़ता हूँ। तुम पढ़ते हो। वे पढ़ते हैं।

काल

क्रिया के जिस रूप से उसके होने या करने का समय पाया जाय उसे काल कहते हैं। काल के तीन भेद हैं—भूत, वर्तमान और भविष्यत्।

भूतकाल—क्रिया के जिस रूप से बीते हुए समय का बोध हो, उसे भूतकाल कहते हैं।

भूतकाल की अवधि सुदीर्घ होती है। इस लम्बी समयावधि का बोध कराने के लिए उसके कुछ विभाग किये गये हैं। उनसे स्पष्ट होता है कि या तो कोई क्रिया बहुत समय पूर्व हो चुकी है या अभी-अभी हुई है अथवा उसके पूर्ण होने में अभी सन्देह है। इस विचार से भूतकाल के निम्नलिखित भेद किये गये हैं—

1. सामान्यभूत 2. आसन्नभूत 3. पूर्णभूत 4. अपूर्णभूत 5. सन्दिग्धभूत

6. हेतुहेतुमद्‌भूत

सामान्यभूत—क्रिया के जिस रूप से भूतकाल के किसी विशेष समय का निश्चय नहीं होता, उसे सामान्यभूत कहते हैं।

सामान्यभूतकालिक क्रिया बनाने की रीति

(क) अकारान्त धातु के अकार को दीर्घ कर देने से सामान्य भूतकाल की क्रिया बनती है। जैसे—चल—चला। दौड़—दौड़ा।

(ख) आकारान्त अथवा ओकारान्त धातु के अन्त में 'या' जोड़ने से। जैसे—ला—लाया। पा—पाया। सो—सोया। खो—खोया।

(ग) ईकारान्त और एकारान्त धातुओं को इकारान्त करके उनके आगे एकवचन में 'या' और बहुवचन में 'ये' जोड़ देते हैं। ईकारान्त धातुओं के स्त्रीलिंग के एकवचन में कोई परिवर्तन नहीं होता। बहुवचन में केवल अनुस्वार लग जाता है। एकारान्त धातुओं के रूप स्त्रीलिंग में ईकारान्त धातुओं की तरह होते हैं अर्थात् उनके एकवचन में 'ई' और बहुवचन में 'ईं' हो जाता है। जैसे—

पी—पिया, पिये, पी, पीं।

दे—दिया, दिये, दी, दीं।

एकारान्त धातुओं में 'से' और 'खे' धातु अपवाद हैं। इनके रूप इस प्रकार हैं—

से—सेया, सेये, सेयी, सेयीं।

खे—खेया, खेये, खेयी, खेयीं।

(घ) ऊकारान्त धातुओं से उकारान्त करके 'आ', 'ए', 'ई' या 'ईं' जोड़ने से। जैसे—

(ङ.) कुछ ऐसी धातुएँ हैं जिनका कोई निश्चित विधान नहीं होता। जैसे—

जा—गया, गये, गयी, गयीं।

कर—किया, किये, की, कीं।

हो—हुआ, हुए, हुई, हुईं।

आसन्नभूत—क्रिया के जिस रूप से यह समझा जाय कि क्रिया के व्यापार को बीते अधिक समय न हुआ हो, उसे आसन्नभूत कहते हैं। सामान्य भूतकाल की क्रिया के साथ वर्तमान काल के चिह्न जोड़ने से आसन्नभूत का रूप बनता है। जैसे—

चला है, चले हैं, चली है, चली हैं।

चला है, चले हो, चली हो।

चला हूँ, चली हूँ।

पूर्णभूत—क्रिया के जिस रूप से यह मालूम हो कि उसके व्यापार को समाप्त हुए बहुत समय बीत चुका है, वह पूर्णभूत कहलाता है। सामान्य भूतकाल की क्रिया के साथ लिंग और वचन के अनुसार था, थे, थी, थीं आदि जोड़ने से पूर्णभूतकाल की क्रिया बनती है। जैसे—

आया था, आये थे, आयी थी, आयी थीं।

चला था, चले थे, चली थी, चली थीं।

अपूर्णभूत—क्रिया के जिस रूप से यह जाना जाय कि क्रिया भूतकाल में हो रही थी, पर उसकी समाप्ति का पता न लगे, वह अपूर्णभूतकाल कहलाता है। धातु के साथ पुल्लिंग एकवचन में 'ता था' या 'रहा था', बहुवचन में 'ते थे' या 'रहे थे'; स्त्रीलिंग एकवचन में 'ती थी' या 'रही थी' तथा बहुवचन में 'ती थीं' या 'रही थीं' जोड़ने से अपूर्णभूतकाल की क्रिया बनती है। जैसे—

चलता था, चलते थे, चलती थी, चलती थीं।

चल रहा था, चल रहे थे, चल रही थी, चल रही थीं।

सन्दिग्धभूत—क्रिया के जिस रूप से भूतकाल तो पाया जाय किन्तु उसके होने में कुछ सन्देह हो, उसे सन्दिग्धभूत कहते हैं। सामान्यभूतकाल की क्रिया के साथ लिंग, वचन और पुरुष के अनुसार 'होंगे', 'होगी', 'होगा', 'होंगी', 'हूँगा' और 'हूँगी' जोड़ने से सन्दिग्ध भूतकाल की क्रिया बनती है। जैसे—

चला होगा, चले होंगे, चली होगी, चली होंगी, चला हूँगा, चली हूँगी।

हेतुहेतुमद्भूत—क्रिया के जिस रूप से यह पाया जाय कि कार्य का भूतकाल में होना सम्भव था, किन्तु किसी कारणवश न हो सका, उसे हेतुहेतुमद्भूत कहते हैं। धातु के आगे लिंग और वचन के अनुसार 'ता', 'ते', 'ती' और 'तीं' जोड़ने से हेतुहेतुमद् भूतकाल की क्रिया बनती है। जैसे—

चलता, चलते, चलती, चलतीं।

यदि तुम आते तो मैं जाता।

अध्यापक कहते तो लड़के चुप रहते।

हेतुहेतुमद्भूत का एक और भी रूप है जिसे कुछ वैयाकरण **पूर्ण संकेतार्थ भूतकाल** नाम का एक स्वतंत्र प्रकार मानते हैं। इसमें सामान्य भूतकाल की क्रिया के साथ लिंग, वचन के अनुसार 'होता', 'होते', 'होती' और 'होतीं' आदि जोड़े जाते हैं। जैसे— विद्यार्थी ने परिश्रम किया होता तो वह अवश्य उत्तीर्ण हुआ होता।

'ने' का प्रयोग

कर्तृवाच्य में यदि कोई सकर्मक क्रिया सामान्य, आसन्न, सन्दिग्ध या पूर्ण भूतकाल के रूप में हो, तो उस क्रिया के कर्त्ता के साथ 'ने' विभक्ति लगती है।

'ने' विभक्ति लगते समय क्रिया कर्त्ता के लिंग, वचन के अनुसार न बदलकर कर्म के लिंग, वचन के अनुसार ही बदलती है। जैसे—

राम ने पुस्तक पढ़ी।   सीता ने कपड़े खरीदे।

वाक्य में कर्म के न रहने अथवा कर्म के साथ 'को' विभक्ति के लगने पर क्रिया हमेशा पुल्लिंग एकवचन में ही रहती है। जैसे—

सीता ने खाया। लड़कों ने पढ़ा। माँ ने बच्चों को खिलाया।

वर्तमान काल

क्रिया के जिस रूप से वर्तमान समय में क्रिया-व्यापार के सम्पन्न होने का बोध हो उसे वर्तमान काल कहते है। वर्तमान काल के तीन भेद हैं–1. सामान्य वर्तमान 2. सन्दिग्ध वर्तमान 3. तात्कालिक वर्तमान या अपूर्ण वर्तमान।

सामान्य वर्तमान–क्रिया का वह रूप जिससे सामान्य रूप से क्रिया का वर्तमान काल में होना पाया जाय, सामान्य वर्तमान कहलाता है। धातु के साथ पुरुष, लिंग और वचन के अनुसार 'ता हूँ', 'ती हूँ', 'ते हो', 'ती हो', 'ता है', 'ते हैं' तथा 'ती हैं' जोड़ने से सामान्य वर्तमान काल बनता है। जैसे–

मैं पढ़ता हूँ। तुम सोते हो। लड़के खेलते हैं। लड़कियाँ नाचती हैं।

सन्दिग्ध वर्तमान–क्रिया का वह रूप जिससे वर्तमान काल की क्रिया के होने में सन्देह पाया जाय सन्दिग्ध वर्तमान कहलाता है। धातु के साथ पुरुष, लिंग तथा वचन के अनुसार 'ता हूँगा', 'ती हूँगी', 'ता होगा', 'ते होंगे', 'ती होगी' और 'ती होंगी' जोड़ने से सन्दिग्ध वर्तमान काल बनता है। जैसे–

मैं पढ़ता हूँगा। लड़का पढ़ता होगा। लड़के पढ़ते होंगे।

अपूर्ण वर्तमान–क्रिया का वह रूप, जिससे यह मालूम हो कि क्रिया का व्यापार अभी जारी है, अपूर्ण या तात्कालिक वर्तमान कहलाता है। धातु के साथ पुरुष, लिंग तथा वचन के अनुसार 'रहा हूँ', 'रही हूँ', 'रहे हो', 'रहा है', 'रहे हैं', 'रही है' तथा 'रही हैं' जोड़ने से अपूर्ण वर्तमान काल बनता है। जैसे–

मैं पढ़ रहा हूँ। वे पढ़ रहे हैं। लड़कियाँ पढ़ रही हैं।

भविष्यत् काल

क्रिया के जिस रूप से आनेवाले काल का बोध हो उसे भविष्यत् काल कहते हैं। इसके दो भेद हैं–1. सामान्य भविष्यत् 2. सम्भाव्य भविष्यत्।

सामान्य भविष्यत्–क्रिया का वह रूप जिससे सामान्य रीति से क्रिया के आगे होने की सूचना मिले, सामान्यत् भविष्य कहलाता है। धातु के साथ पुरुष, लिंग और वचन के अनुसार 'ऊँगा', 'ऊँगी, 'ओगे', 'ओगी', 'एगा', 'एगी', 'एँगे' तथा 'एँगी' जोड़ने से सामान्य भविष्यत् काल बनता है। जैसे–

मैं जाऊँगा। तुम चलोगे। लड़का खेलेगा। लड़के खेलेंगे।

'दे' और 'ले' धातुओं से सामान्य भविष्यत् कालिक रूप 'दूँगा', 'लूँगा', 'दोगे', 'लोगे', 'देंगे', 'लेगा' और 'लेंगे' हैं।

सम्भाव्य भविष्यत्–क्रिया के जिस रूप में क्रिया-व्यापार के भविष्यत् काल में होने की सम्भावना पायी जाय उसे सम्भाव्य भविष्यत् कहते हैं। सामान्य भविष्यत् के रूप से 'गा', 'गे', 'गी' आदि पृथक् कर देने से सम्भाव्य भविष्यत् काल बनता है। जैसे–

ईश्वर हमारी रक्षा करे।

आज शायद पानी बरसे।

अभ्यास

1. काल किसे कहते हैं? उसके भेदों को सोदाहरण समझाइए।
2. भूतकाल के भेदों को सोदाहरण समझाइए।
3. 'ने' का प्रयोग कहाँ होता है? उदाहरण देकर समझाइए।
4. वर्तमान काल से क्या तात्पर्य है? उसके भेदों को उदाहरण सहित स्पष्ट कीजिए।
5. भविष्यत्काल से क्या अभिप्राय है? उसके भेदों को सोदाहरण समझाइए।

अध्याय 12

क्रिया के रूपान्तर–प्रकार या अर्थ और वाच्य

क्रिया के उस रूपान्तर को प्रकार या अर्थ कहते हैं, जिससे विधान करने की रीति जानी जाती है। हिन्दी में क्रियाओं के मुख्य तीन अर्थ होते हैं–1. निश्चयार्थ 2. सम्भावनार्थ 3. विध्यर्थ या प्रवर्त्तनार्थ।

निश्चयार्थ–क्रिया के जिस रूपान्तर से किसी विधान का निश्चय सूचित होता है, उसे निश्चयार्थ कहते हैं। सामान्य वर्तमान, अपूर्ण वर्तमान, सामान्यभूत, आसन्नभूत, पूर्णभूत, अपूर्णभूत तथा सामान्य भविष्यत् की क्रियाएँ निश्चयार्थ के अन्तर्गत आती हैं। जैसे–

बच्चा सोता है। बच्चा सो रहा है। बच्चा सोया। बच्चा सोएगा।

सम्भावनार्थ–क्रिया के जिस रूपान्तर से कल्पना, इच्छा या कर्त्तव्य जाना जाए, उसे सम्भावनार्थ कहते हैं। सन्दिग्ध भूत हेतुहेतुमद्भूत, सन्दिग्ध वर्तमान तथा सम्भाव्य भविष्य की क्रियाएँ इसके अन्तर्गत आती हैं। जैसे–

वह खेला होगा। वह पढ़ता तो पास होता। वह पढ़ता होगा। वह पढ़े।

विध्यर्थ या प्रवर्त्तनार्थ–क्रिया के उस रूपान्तर को विध्यर्थ कहते हैं, जिससे आज्ञा, प्रार्थना, अनुमति, प्रश्न, निषेध आदि का बोध होता है। विध्यर्थ के अनुसार क्रिया का जो रूप बनता है उसे विधिक्रिया कहते हैं। विधिक्रिया के दो भेद हैं–

1. प्रत्यक्ष विधि 2. परोक्ष विधि।

जिस क्रिया से आज्ञा, प्रार्थना आदि का प्रत्यक्ष रूप से बोध होता है उसे प्रत्यक्ष विधि कहते हैं। जैसे—तू चल। तुम चलो। आप चलिए।

जिस क्रिया से आज्ञा आदि का पालन आगे को (परोक्ष में) हो, उसे परोक्ष विधि क्रिया कहते हैं। जैसे—

चिन्ता न करना।
आनन्द से रहना।

विधि क्रिया बनाने के नियम

प्रत्यक्ष विधि

1. मध्यम पुरुष एकवचन 'तू' के आगे धातु का प्रयोग करने से। जैसे—तू आ। तू चल।
2. मध्यम पुरुष बहुवचन 'तुम' के आगे धातु के अन्त में 'ओ' जोड़ा जाता है। जैसे—तुम जाओ। तुम चलो।
3. मध्यम पुरुष बहुवचन 'आप' के आगे धातु के अन्त में 'इए' लगाया जाता है। जैसे—आप चलिए। आप बैठिए।
4. उत्तम पुरुष और अन्य पुरुष विधि के वे ही रूप होते है, जो सम्भाव्य भविष्यत् के हैं। जैसे—मैं जाऊँ। वे चलें।

परोक्ष विधि

परोक्ष विधि में धातु के आगे 'ते रहना', 'ते रहिएगा' आदि लगाये जाते हैं। जैसे—पाठ पढ़ते रहना। घर की देखभाल करते रहिएगा।

वाच्य

क्रिया के जिस रूपान्तर से यह जाना जाय कि वाक्य में क्रिया द्वारा किये गये विधान का मुख्य विषय कर्त्ता है, कर्म है या केवल भाव है उसे वाच्य कहते हैं। वाच्य के तीन भेद हैं— 1. कर्तृवाच्य 2. कर्मवाच्य 3. भाववाच्य।

कर्तृवाच्य—कर्तृवाच्य में क्रिया द्वारा किये गये विधान का मुख्य विषय कर्त्ता होता है। जैसे—राम पुस्तक पढ़ता है।

इस वाक्य में क्रिया का सम्बन्ध कर्त्ता (राम) से है कि राम पढ़ता है।

कर्मवाच्य—कर्मवाच्य में कर्म की प्रधानता होती है और क्रिया का सम्बन्ध कर्म से होता है। अतएव उसके लिंग और वचन कर्म के अनुसार होते हैं और कर्म निर्विभक्तिक कर्त्ता कारक में आता है तथा कर्त्ता करण कारक में रखा जाता है या कर्त्ता के साथ 'द्वारा' शब्द जोड़ दिया जाता है। जैसे—

राम से पुस्तक पढ़ी जाती है।

बच्चों द्वारा दूध पिया जाता है।

जब कर्म के साथ 'को' विभक्ति हो, तो क्रिया पुल्लिंग एकवचन और अन्य पुरुष में रहती है। जैसे—अध्यापक द्वारा बच्चों को पढ़ाया गया।

द्विकर्मक क्रियाओं के कर्मवाच्य में प्रधान कर्म ही क्रिया के विधान का मुख्य विषय बनता है, गौण कर्म ज्यों का त्यों रहता है। जैसे— 'नानी ने बच्चों को कहानी सुनायी' का कर्मवाच्य होगा 'नानी से बच्चों को कहानी सुनायी गयी।'

भाववाच्य—भाववाच्य में भाव (धातु के अर्थ) की प्रधानता होती है, कर्त्ता या कर्म की नहीं। यह अकर्मक क्रियाओं से ही बनता है और इसमें क्रिया सदा पुल्लिंग एकवचन और अन्य पुरुष में रहती है। जैसे—मुझसे बैठा नहीं जाता। लड़कियों से चला नहीं जाता।

कर्तृवाच्य से कर्मवाच्य बनाने की रीति

कर्तृवाच्य की क्रिया को सामान्यभूत के रूप में लाकर उसके साथ काल, पुरुष, वचन और लिंग के अनुसार 'जाना' क्रिया के रूप जोड़ने से सकर्मक कर्तृवाच्य से कर्मवाच्य और अकर्मक कर्तृवाच्य से भाववाच्य क्रिया बनती है।

सकर्मक कर्तृवाच्य	**कर्मवाच्य**
राम ने पुस्तक पढ़ी।	राम से पुस्तक पढ़ी गयी।
सीता फल खाती है।	सीता से फल खाया जाता है।
अकर्मक कर्तृवाच्य	**भाववाच्य**
मैं नहीं बैठता।	मुझसे बैठा नहीं जाता।
राधा चुप नहीं रहती।	राधा से चुप नहीं रहा जाता।

अभ्यास

1. क्रिया के रूपान्तर के प्रसंग में अर्थ से क्या तात्पर्य है? उदाहरण देकर समझाइए।
2. निश्चयार्थ की परिभाषा लिखकर उदाहरण दीजिए।
3. सम्भावनार्थ की परिभाषा लिखकर उदाहरण दीजिए।
4. विध्यर्थ से क्या तात्पर्य है? सोदाहरण समझाइए।
5. वाच्य की परिभाषा लिखिए।
6. कर्तृवाच्य से क्या तात्पर्य है? सोदाहरण समझाइए।
7. कर्मवाच्य की परिभाषा लिखकर उदाहरण दीजिए।
8. भाववाच्य की परिभाषा लिखकर उदाहरण दीजिए।
9. कर्तृवाच्य से कर्मवाच्य कैसे बनाया जाता है?

अध्याय 13

क्रिया के रूपान्तर–लिंग, वचन और पुरुष

लिंग– संज्ञा और विशेषण की तरह लिंग के आधार पर क्रिया का भी रूपान्तर होता है। जो क्रिया-रूप पुल्लिंग में आकारान्त होता है, वही स्त्रीलिंग में ईकारान्त होता है। शेष रूप लिंगानुसार नहीं बदलते। जैसे–

पुल्लिंग	**स्त्रीलिंग**	**पुल्लिंग**	**स्त्रीलिंग**
आता है।	आती है।	पढ़ेगा।	पढ़ेगी।
आया।	आयी।	पढ़ता था।	पढ़ती थी।

वचन– संज्ञा और विशेषण की तरह वचन के आधार पर भी क्रिया का रूपान्तर होता है। जैसे–

एकवचन	**बहुवचन**	**एकवचन**	**बहुवचन**
वह आता है।	वे आते है।	वह आती है।	वे आती हैं।
वह चला।	वे चले।	वह चली।	वे चलीं।
वह चलेगा।	वे चलेंगे।	वह चलेगी।	वे चलेंगी।

पुरुष–पुरुषवाचक सर्वनाम के तीन प्रकार हैं–उत्तम पुरुष, मध्यम पुरुष, अन्य पुरुष–उनके आधार पर भी क्रियाओं का रूपान्तर होता है। इस विचार से सभी संज्ञाएँ भी अन्य पुरुष के अन्तर्गत मानी जाती हैं। जैसे–

उत्तम पुरुष	**मध्यम पुरुष**	**अन्य पुरुष**
मैं जाता हूँ।	तुम जाते हो।	वे जाते हैं।
		लड़के जाते हैं।
मैं जाऊँ। हम जाएँ।	तुम जाओ।	वे जाएँ।
	आप जाइए।	लड़के जाएँ।
मैं जाऊँगा।	तुम जाओगे।	वे जाएँगे।
		लड़के जाएँगे।

मध्यम पुरुष 'आप' के साथ भी प्रायः अन्यपुरुष के ही बहुवचन रूप लगते हैं। जैसे–आप पढ़ेंगे। आप दौड़ेंगे।

प्रयोग

वाक्य में क्रिया के लिंग, वचन तथा पुरुष का अध्ययन 'प्रयोग' कहलाता है। क्रिया के लिंग, वचन और पुरुष कहीं तो कर्त्ता के अनुसार होते हैं, कहीं कर्म के अनुसार और कहीं इन दोनों में से किसी के अनुसार भी नहीं होते। इस प्रकार क्रियाओं का तीन प्रकार से प्रयोग होता है।

1. **कर्तरि प्रयोग**–क्रिया के जिस रूपान्तर में लिंग, वचन और पुरुष कर्त्ता के लिंग, वचन और पुरुष के अनुसार होते हैं उसे कर्तरि प्रयोग कहते हैं। अकर्मक क्रियाओं के सभी कालों में तथा सकर्मक क्रियाओं के अपूर्णभूत, हेतुहेतुमद्भूत और वर्तमान तथा भविष्यत् काल के रूपों में कर्तृवाच्य में कर्तरि प्रयोग होता है। इसमें कर्त्ता विभक्ति रहित रहता है। जैसे–

राम पढ़ता है।
घोड़ा दौड़ा।
मैं लिखूँगा।

2. **कर्मणि प्रयोग**–क्रिया के जिस रूपान्तर में लिंग, वचन और पुरुष कर्म के लिंग, वचन और पुरुष के अनुसार होते हैं, उसे कर्मणि प्रयोग कहते हैं। कर्मणि प्रयोग दो प्रकार के होते हैं–1. कर्तृवाच्य कर्मणि प्रयोग 2. कर्मवाच्य कर्मणि प्रयोग।

साधारणतया अपूर्णभूत और हेतुहेतुमद्भूत को छोड़कर कर्तृवाच्य की शेष सम्पूर्ण भूतकालिक क्रियाएँ तथा कर्मवाच्य की सारी क्रियाएँ कर्मणि प्रयोग में आती हैं। कर्तृवाच्य कर्मणि प्रयोग में कर्त्ता के साथ 'ने' विभक्ति जुड़ती है तथा कर्मवाच्य कर्मणि प्रयोग में कर्त्ता करण कारक में होता है या उसके साथ 'के द्वारा' शब्द जुड़ता है। जैसे–राम ने पुस्तक पढ़ी। गोपाल से (के द्वारा) यह चिट्ठी लिखी गयी।

3. **भावे प्रयोग**–क्रिया के जिस रूपान्तर में क्रिया के लिंग, वचन और पुरुष कर्त्ता या कर्म के अनुसार नहीं होते अर्थात् जो सदा अन्य पुरुष पुल्लिंग तथा एकवचन में रहती है, उसे भावे प्रयोग कहते हैं। भावे प्रयोग तीन प्रकार के हैं–1. कर्तृवाच्य भावे प्रयोग 2. कर्मवाच्य भावे प्रयोग 3. भाववाच्य भावे प्रयोग।

कर्तृवाच्य भावे प्रयोग में सकर्मक धातुओं में कर्ता और कर्म दोनों विभक्ति सहित होते हैं तथा अकर्मक क्रियाओं में केवल कर्त्ता ही विभक्ति सहित होता है। कर्मवाच्य भावे प्रयोग में कर्म विभक्ति सहित होता है और कर्त्ता प्रायः लुप्त रहता है। भाववाच्य की समस्त क्रियाएँ भावे प्रयोग में आती हैं। जैसे–

अध्यापक ने लड़कियों को पढ़ाया।
इलाज के लिए राम को लन्दन भेजा गया।
यहाँ बैठा नहीं जाता।

अभ्यास

1. लिंग के आधार पर क्रिया का रूपान्तर कैसे होता है? उदाहरण देकर स्पष्ट कीजिए।
2. वचन के आधार पर क्रिया का रूपान्तर कैसे होता है? उदाहरण देकर स्पष्ट कीजिए।
3. पुरुष के आधार पर क्रिया का रूपान्तर कैसे होता है? सोदाहरण स्पष्ट कीजिए।
4. प्रयोग से क्या तात्पर्य है? हिन्दी में कितने प्रयोग हैं? सोदाहरण समझाइए।
5. वाच्य और प्रयोग में क्या अन्तर है?

अध्याय 14

क्रियाविशेषण

जो अव्यय (अविकारी शब्द) क्रिया की कोई विशेषता प्रकट करे, उसे क्रियाविशेषण कहते हैं। जैसे–

तुम वहाँ बैठो। धीरे चलो।

उपर्युक्त वाक्यों में 'वहाँ' और 'धीरे' शब्द क्रिया की विशेषता का बोध कराते हैं, अतः क्रियाविशेषण हैं।

अर्थ के अनुसार क्रियाविशेषण चार प्रकार के हैं–

1. कालवाचक 2. स्थानवाचक 3. परिमाणवाचक 4. रीतिवाचक।

कालवाचक–जिन क्रियाविशेषणों से क्रिया के काल का बोध हो उन्हें कालवाचक क्रियाविशेषण कहते हैं। जैसे–अब, जब, तब, कब, आज, कल, परसों, अभी, तभी, तुरन्त, फिर, सवेरे, पहले, पीछे, निदान, नित्य, सदा, दिन-भर, प्रतिदिन आदि।

स्थानवाचक–जिन क्रियाविशेषणों से क्रिया के स्थान का बोध हो उन्हें स्थानवाचक क्रिया-विशेषण कहते हैं। जैसे–

यहाँ, वहाँ, जहाँ, तहाँ, इधर, उधर, किधर, आगे, पीछे, ऊपर, नीचे, सामने, दाएँ, बाएँ, पास, सर्वत्र, बाहर, भीतर आदि।

परिमाणवाचक–जिन क्रियाविशेषणों से क्रिया के परिमाण का बोध हो, उन्हें परिमाणवाचक क्रिया-विशेषण कहते हैं। जैसे–

थोड़ा, बहुत, अत्यन्त, अति, बड़ा, अतिशय, थोड़ा-थोड़ा, एक-एक, बारी-बारी, कुछ-कुछ, यथेष्ट, केवल, बराबर, इतना, उतना, कितना, जितना आदि।

रीतिवाचक–जिन क्रियाविशेषणों से क्रिया की रीति का बोध हो, उन्हें रीतिवाचक क्रियाविशेषण कहते हैं। जैसे–

ऐसे, कैसे, जैसे, तैसे, यों, क्यों, धीरे, एकाएक, साथ, उलटा, धड़ाधड़, फटाफट, झटपट, अवश्य, वस्तुतः, सचमुच, कदाचित, शायद, यथा, तथा, मानो, साक्षात्, स्वयं, अकस्मात्, यो हीं, वास्तव में, विशेषकर, ठीक, सच, मत, तो, भी, मात्र, तक, भर, जो, इसलिए, न, नहीं आदि।

रूप अथवा रचना के विचार से क्रियाविशेषण तीन प्रकार के होते हैं–1. मूल क्रियाविशेषण 2. यौगिक क्रियाविशेषण 3. स्थानीय क्रियाविशेषण।

मूल क्रियाविशेषण—जो अव्यय स्वयं ही क्रियाविशेषण हैं और किसी अन्य शब्द के संयोग से निर्मित नहीं हैं उन्हें मूल क्रियाविशेषण कहते हैं। जैसे—

दूर, पास, न, नहीं, मत, आगे, पीछे, धीरे, तेज आदि।

यौगिक क्रियाविशेषण—जो क्रियाविशेषण अन्य शब्दों के योग से बनते हैं उन्हें यौगिक क्रियाविशेषण कहते हैं। यौगिक क्रियाविशेषण अनेक प्रकार से बनते हैं। जैसे—

संज्ञा से—यथाशक्ति, दिनभर, क्रमशः, शाम तक आदि।

सर्वनाम से—('यह' शब्द) यहाँ, यों, यहीं। ('वह' शब्द) वहाँ, वहीं।

विशेषण से—चुपचाप, चुपके, पहले, भूल से।

क्रिया से—चाहे, उठते हुए, जाते-जाते।

स्थानीय क्रियाविशेषण—जो अव्यय वस्तुतः क्रियाविशेषण नहीं, अपितु संज्ञा, सर्वनाम आदि शब्दभेद हैं और बिना विकृत हुए प्रसंगवश क्रियाविशेषण के समान प्रयुक्त हुए हैं उन्हें स्थानीय क्रियाविशेषण कहते हैं। जैसे— वह खाक दौड़ेगा। इस वाक्य में 'खाक' शब्द संज्ञा है किन्तु यहाँ पर क्रियाविशेषण-सा प्रयुक्त हुआ है।

प्रयोग के विचार से क्रियाविशेषण तीन प्रकार के हैं—

1. साधारण क्रियाविशेषण 2. संयोजक क्रियाविशेषण
3. अनुबद्ध क्रियाविशेषण।

साधारण क्रियाविशेषण—जिन क्रियाविशेषणों का प्रयोग वाक्य में स्वतन्त्र रूप से होता है उन्हें साधारण क्रियाविशेषण कहते हैं। जैसे—

जल्दी चलो। धीरे बोलो।

संयोजक क्रियाविशेषण—जो क्रियाविशेषण उपवाक्यों को मिलाते हैं उन्हें संयोजक क्रियाविशेषण कहते हैं। जैसे—

जब अध्यापक आये तब विद्यार्थी खड़े हो गये।

जैसा करोगे वैसा भरोगे।

अनुबद्ध क्रियाविशेषण—जो क्रियाविशेषण निश्चय अथवा निर्णय का बोध कराने के लिए प्रयुक्त होते हैं, उन्हें अनुबद्ध क्रियाविशेषण कहते हैं। जैसे—

आप इसे अपना ही बेटा समझें।

वह उर्दू भी जानता है।

अभ्यास

1. क्रियाविशेषण किसे कहते हैं? सोदाहरण कीजिए।
2. अर्थ के विचार से क्रियाविशेषण के कितने भेद हैं? प्रत्येक का परिचय दीजिए।
3. रूप के विचार से क्रियाविशेषण के कितने भेद हैं? प्रत्येक का परिचय दीजिए।
4. प्रयोग के विचार से क्रियाविशेषण के कितने भेद हैं? प्रत्येक का परिचय दीजिए।

अध्याय 15

सम्बन्धबोधक

जो अविकारी शब्द संज्ञा अथवा सर्वनाम के साथ प्रयुक्त होकर वाक्य के अन्य शब्दों के साथ उनका सम्बन्ध सूचित करते हैं, उन्हें सम्बन्धबोधक कहते हैं। जैसे–

स्कूल के सामने मैदान है। घर के पास नदी है। नदी के किनारे जंगल है।

इन वाक्यों में 'के सामने', 'के पास' और 'के किनारे' सम्बन्धबोधक हैं।

प्रयोग के अनुसार सम्बन्धबोधक अव्ययों के दो भेद हैं–1. सम्बद्ध 2. अनुबद्ध।

सम्बद्ध–जो सम्बन्धबोधक अव्यय विभक्तियों के आगे प्रयुक्त होते हैं, वे सम्बद्ध सम्बन्धबोधक अव्यय कहलाते हैं। जैसे–

राम के पास कुछ भी नहीं है। इसके सिवा तुम कर ही क्या सकते हो?

इन वाक्यों में 'के पास' और 'के सिवा' सम्बद्ध सम्बन्धबोधक हैं। इनके अतिरिक्त के ऊपर, के नीचे, के भीतर, के उपरान्त, के पीछे, के सिवा, के अनुसार, के योग्य, की अपेक्षा, की जगह, की खातिर, की तरफ, की तरह, से परे, से रहित आदि भी सम्बद्ध सम्बन्धबोधक के उदाहरण हैं।

अनुबद्ध–जो सम्बन्धबोधक अव्यय संज्ञा के बाद विभक्ति रहित रूप में प्रयुक्त होते हैं, वे अनुबद्ध सम्बन्धबोधक अव्यय कहलाते हैं। जैसे–बच्चों समेत। इसमें बच्चों के साथ सम्बन्धक़ारक की 'के' विभक्ति नहीं है, पर 'बच्चों' शब्द में कारक के कारण रूपान्तर हुआ है। इसी प्रकार मित्रों सहित, किनारे तक आदि।

कुछ सम्बन्धबोधक ऐसे भी हैं जो विभक्ति सहित और विभक्ति रहित दोनों रूपों में प्रयुक्त होते हैं। जैसे–

तार द्वारा समाचार दें। (विभक्ति रहित)

तार के द्वारा समाचार दें। (विभक्ति सहित)

उर्दू के प्रभाव से सम्बन्धबोधक अव्यय का प्रयोग संज्ञा के पूर्व भी होने लगा है। जैसे–

मारे दुख के वह रो पड़ा।

बिना कारण के वह मुझे मारने लगा।

रूप के अनुसार सम्बन्धबोधक के दो भेद हैं—1. मूल 2. यौगिक।

मूल—जो अव्यय स्वतन्त्र रूप से सम्बन्धबोधक होते हैं अर्थात् जो किसी अन्य शब्दभेद या शब्दांश आदि से नहीं बनते, उन्हें मूल सम्बन्धबोधक कहते हैं। जैसे—तक, के बिना, भर, की ओर आदि।

यौगिक—जो सम्बन्धबोधक दूसरे शब्दभेदों से बनते हैं, यौगिक सम्बन्धबोधक कहलाते हैं। जैसे—

संज्ञा से—के नाम, के बदले, के लेखे, की मार्फत आदि।

विशेषण से—के समान, के योग्य, के जैसा, की जबानी आदि।

क्रियाविशेषण—के बाहर, के भीतर, के पास, से दूर आदि।

क्रिया से—के लिए, के मारे, के जाने आदि।

अभ्यास

1. सम्बन्धबोधक से क्या तात्पर्य है? सोदाहरण समझाइए।
2. प्रयोग के अनुसार सम्बन्धबोधक के कितने भेद हैं? प्रत्येक का परिचय दीजिए।
3. रूप के अनुसार सम्बन्धबोधक के कितने भेद हैं? प्रत्येक का परिचय दीजिए।

अध्याय 16

समुच्चयबोधक

जो अव्यय शब्दों, वाक्यों अथवा वाक्य खंडों को परस्पर मिलाते हैं, वे समुच्चयबोधक अव्यय कहलाते हैं। जैसे—यदि, अगर, और, अथवा, क्योंकि, इसलिए आदि।

प्रयोग की दृष्टि से समुच्चयबोधक अव्ययों के दो भेद हैं—1. समानाधिकरण 2. व्यधिकरण।

समानाधिकरण—जो समुच्चयबोधक समान स्थिति वाले दो वाक्यों अथवा वाक्य खंडों को जोड़ता है, उसे समानाधिकरण समुच्चयबोधक कहते हैं। इसके चार उपभेद हैं—

1. संयोजक 2. विभाजक 3. विरोधदर्शक 4. परिणामदर्शक।

संयोजक—जो समानाधिकरण समुच्चयबोधक दो या दो से अधिक बातों को जोड़ता है उसे संयोजक समानाधिकरण समुच्चयबोधक कहते हैं। जैसे— राम और सीता। और, तथा, एवं, व आदि संयोजक अव्यय हैं।

विभाजक—यह अव्यय इस बात का बोध कराता है कि दो बातों में से एक की स्वीकृति अथवा दूसरे का निषेध होगा। जैसे—चाकू या छुरी ले लो। चाहे आज पढ़ो चाहे कल पढ़ो। या, वा, अथवा, किंवा, कि, या-या, चाहे-चाहे, क्या-क्या, न-न आदि विभाजक अव्यय हैं।

विरोधदर्शक—इस अव्यय द्वारा दो बातों में परस्पर विरोध प्रकट होता है। जैसे—लड़का बुद्धिमान है, पर नटखट है। किन्तु, बल्कि, वरन्, परन्तु, लेकिन आदि विरोधदर्शक अव्यय हैं।

परिणामदर्शक—जिस अव्यय से यह प्रकट हो कि अगली बात पिछली बात का फल है, वह परिणामदर्शक अव्यय कहलाता है। जैसे—

लड़के ने खूब मेहनत की इसलिए वह पास हो गया, अतः इस वास्ते, इस कारण, लिहाजा, क्योंकि, जो कि, ताकि आदि परिणामबोधक अव्यय हैं।

व्यधिकरणबोधक—जो समुच्चयबोधक आश्रित उपवाक्य को मुख्य उपवाक्य के साथ जोड़ता है, उसे व्यधिकरण समुच्चयबोधक कहते हैं। इसके चार उपभेद हैं—1. कारणवाचक 2. उद्देश्यवाचक 3. संकेतवाचक 4. स्वरूपवाचक।

कारणवाचक—जिससे यह सूचित हो कि एक वाक्य का कारण दूसरे वाक्य में निहित है, कारणवाचक व्यधिकरणबोधक कहलाता है। जैसे—

मैं बीमार था इसलिए अस्पताल गया।

बच्चा रोता है क्योंकि वह भूखा है।

उद्देश्यवाचक—जिस व्यधिकरण समुच्चयबोधक के द्वारा एक उपवाक्य का फल या निमित्त दूसरे उपवाक्य से जाना जाय, उसे उद्देश्यवाचक व्यधिकरणबोधक कहते हैं। जैसे—

मैंने उसे समझाया ताकि वह फिर गुस्ताखी न करे। कि, ताकि, जिससे कि आदि उद्देश्यवाचक अव्यय हैं।

संकेतवाचक—जिस व्यधिकरण समुच्चयबोधक के द्वारा एक उपवाक्य में कोई संकेत या शर्त प्रकट हो और दूसरे में उसका फल व्यक्त हो उसे संकेतवाचक व्यधिकरणबोधक कहते हैं। जैसे—

अगर वे आते तो मैं खुश होता।

यद्यपि-तथापि, चाहे-पर, यद्यपि-तो भी, अगर-तो आदि भी संकेतवाचक अव्यय हैं।

स्वरूपवाचक—जिस व्यधिकरण समुच्चयबोधक के द्वारा एक उपवाक्य का स्वरूप दूसरे उपवाक्य से जाना जाय, उसे स्वरूपवाचक व्यधिकरणबोधक कहते हैं। जैसे—मैंने उसे समझाया कि तुम्हें ऐसा काम नहीं करना चाहिए।

अर्थात्, जैसे, मानो, आदि भी स्वरूपवाचक व्यधिकरणबोधक हैं।

अभ्यास

1. समुच्चयबोधक से क्या तात्पर्य है? सोदाहरण स्पष्ट कीजिए।
2. समानाधिकरण समुच्चयबोधक के कितने भेद हैं? प्रत्येक का परिचय दीजिए।
3. व्यधिकरण समुच्चयबोधक के कितने भेद हैं? प्रत्येक का परिचय दीजिए।

अध्याय 17

विस्मयादिबोधक

जिन अव्यय शब्दों का सम्बन्ध वाक्य के दूसरे शब्दों के साथ नहीं रहता और जिनसे वक्ता के केवल मनोभाव सूचित होते हैं, उन्हें विस्मयादिबोधक अव्यय कहते हैं। जैसे–

वाह! कैसा सुरीला कण्ठ है।
छिः! ऐसा नीच काम किया।
क्यों! फिर आ गये?
राम-राम! यह मैं क्या देख रहा हूँ?
काश! उसके पिता जिन्दा होते!

उपर्युक्त वाक्यों में वाह, छिः, क्यों, राम-राम और काश विस्मयादिबोधक अव्यय हैं, जिनका वाक्य के दूसरे शब्दों से कोई सम्बन्ध नहीं है।

विस्मयादिबोधक अव्ययों के भेद

1. विस्मयबोधक–वाह! हैं! ऐं, ओहो! वाह-वा!
2. हर्षबोधक–अहा! आहा! अहह! धन्य! शाबाश!
3. शोकबोधक–हाय! हा-हा! आह! ऊह! हाय-हाय!
4. तिरस्कारबोधक–छिः! धत्! अरे! धिक्! चुप!
5. क्रोधसूचक–चुप! हट! क्यों! अबे!
6. स्वीकारबोधक–ठीक! भला! जी हाँ! अच्छा!
7. सम्बोधनसूचक–अरे! हो! अजी! लो! अहो!

कई क्रियाएँ, संज्ञाएँ, विशेषण और क्रियाविशेषण भी विस्मयादिबोधक हो जाते हैं। जैसे–भगवान! ईश्वर! राम-राम! अच्छा! हट! खैर! आदि!

दैया रे! मैया रे! बप्पा रे! बाप रे बाप!–इनमें केवल 'रे' मात्र अव्यय है, पर दुख या विस्मय आदि सूचित करने के कारण ये समस्त पद अव्यय हो जाते हैं।

कभी-कभी वाक्यांश या सम्पूर्ण वाक्य विस्मयादिबोधक के रूप में प्रयुक्त होते हैं। जैसे–

क्या कहने हैं!

ऐसी अशुभ बात!
सर्वनाश हो गया!
कमाल है!

कभी-कभी विस्मयादिबोधक शब्दों का प्रयोग संज्ञा के रूप में होता है। जैसे—

गरीबों की हाय व्यर्थ नहीं जाएगी।
पंडित जी की वाह-वाह हुई।
उसे सारे दिन हाय-हाय लगी रहती है।

अभ्यास

1. विस्मयादिबोधक से क्या तात्पर्य है? सोदाहरण समझाइए।
2. भिन्न-भिन्न मनोविकारों को प्रकट करने के लिए कौन-कौन से अव्यय प्रयुक्त होते हैं।

अध्याय 18

शब्द रचना–उपसर्ग और प्रत्यय

शब्दों के निर्माण अथवा बनावट को शब्द-रचना कहते हैं। शब्दों के वर्गीकरण में बताया जा चुका है कि यौगिक तथा योगरूढ़ि शब्द किसी शब्द और शब्दांश के योग से अथवा दो शब्दों के योग से बनते हैं। इस प्रकार शब्दों की उत्पत्ति तीन प्रकार से बतायी जा सकती है–1. शब्द के पूर्व शब्दांश लगाने से, 2. शब्द के पीछे शब्दांश लगाने से, 3. दो शब्दों के मेल से।

शब्द के पूर्व जो शब्दांश लगते हैं वे उपसर्ग कहलाते हैं और शब्द के पीछे जो शब्दांश लगते हैं वे प्रत्यय कहलाते हैं। जब दो या दो से अधिक शब्द मिलकर एक स्वतन्त्र शब्द बनाते हैं तो इस मेल को **समास** कहते हैं।

उपसर्ग

जो शब्दांश किसी शब्द के आदि में जुड़कर उसके अर्थ में विशेषता उत्पन्न कर देते हैं या उसके अर्थ को सर्वथा ही बदल देते हैं, उन्हें उपसर्ग कहते हैं।

हिन्दी में जो उपसर्ग प्रयुक्त होते हैं, वे प्रायः संस्कृत के ही हैं। इनके अतिरिक्त कुछ हिन्दी और उर्दू के भी उपसर्ग हैं।

संस्कृत के उपसर्ग

अति = अधिक, ऊपर	अतिदीन, अत्याचार।
अधि = ऊपर, श्रेष्ठ	अधिपति, अधिकार।
अनु = पीछे, समान	अनुचर, अनुज, अनुकूल।
अप = बुरा, विरुद्ध	अपमान, अपहास।
अव = नीचे, हीन	अवनति, अवमूल्यन।
आ = तक, समेत, उलटा	आजन्म, आगमन।
उत् = ऊपर, श्रेष्ठ	उत्पत्ति, उत्साह।
उप = समीप, गौण	उपवन, उपनगर, उपमन्त्री।
दूर् = बुरा, कठिन	दुराचार, दुर्गुण।

निस्, निर =निषेध	निर्दोष, निर्बल, निरपराध।
परा = पीछे, उलटा	पराजय, पराभव।
परि = आसपास, सब तरफ, पूर्ण	परिजन, परितोष।
प्र = अधिक, ऊपर	प्रबल, प्रहर्ष।
प्रति = विरुद्ध, सामने, हरएक	प्रतिकूल, प्रतिपल।
वि = भिन्न, विशेष	विदेश, विज्ञान।
सम् = अच्छा, साथ, पूर्ण	संगम, सम्मान, सम्बन्ध।
सु = अच्छा, सहज	सुकन्या, सुगम।

कभी-कभी दो या तीन उपसर्ग एक साथ ही एक शब्द से पहले लगा दिये जाते हैं। जैसे–वि+आ+करण=व्याकरण। निर्+आ+करण=निराकरण। प्रति+उप +कार=प्रत्युपकार।

संस्कृत के कुछ अव्यय तथा विशेषण भी उपसर्गों की तरह प्रयुक्त होते हैं। जैसे–

अन्तः + पुर = अन्तःपुर। अधः + पतन = अधःपतन।
पुनः + जन्म = पुनर्जन्म। सत् + जन = सज्जन।

संस्कृत उपसर्गों के अतिरिक्त कुछ हिन्दी और उर्दू के भी उपसर्ग हैं। जैसे–

अ = नहीं	अजान, अचेत।
अन= नहीं	अनजान, अनपढ़।
अध= आधा	अधजला, अधकचरा।
नि = नहीं, रहित	निडर, निकम्मा।
भर = भरा	भरसक, भरपूर।
स = अच्छा	सपूत।
क = बुरा	कपूत।
बद= खराब	बदचलन, बदबू।
बा = सहित	बाकायदा।
बे = बिना,	बेचैन, बेमेल।
ला = बिना	लापरवाह, लाइलाज।
दर = में	दरअसल।
ना = नहीं	नामुमकिन, नापाक।

एक ही शब्द के पहले अलग-अलग उपसर्ग लगाने से उस शब्द के विविध अर्थ हो जाते हैं। जैसे–'हार' शब्द।

प्र + हार–प्रहार	=	आक्रमण
सम् + हार–संहार	=	नाश
आ + हार–आहार	=	भोजन

वि + हार–विहार = भ्रमण

प्रत्यय

जो शब्दांश शब्दों के अन्त में लगकर उनके अर्थ और स्वरूप को बदल देते हैं उन्हें **प्रत्यय** कहते हैं। प्रत्यय दो प्रकार के हैं–1. कृत प्रत्यय 2. तद्धित प्रत्यय।

धातुओं के अन्त में जिन प्रत्ययों के लगाने से अन्य प्रकार के शब्द बनते हैं उन्हें **कृतप्रत्यय** कहते हैं। कृतप्रत्यय जोड़ने से जो शब्द बनते हैं उन्हें कृदन्त कहते हैं। जैसे– चलना+वाला=चलनेवाला। यहाँ 'वाला' कृत प्रत्यय है और 'चलनेवाला' कृदन्त।

धातुओं को छोड़ शेष शब्दों के अन्त में जिन प्रत्ययों के लगाने से अन्य शब्द बनते हैं, उन्हें **तद्धितप्रत्यय** कहते हैं। जो शब्द इस प्रकार बनते हैं उन्हें **तद्धितान्त** कहते हैं। जैसे–दूध+वाला=दूधवाला।

कृदन्त

वे क्रियावाची शब्द जो धातुओं में प्रत्ययों के लगाने से बनते हैं और जिनका प्रयोग अन्यान्य शब्द भेदों के समान होता है, कृदन्त कहलाते हैं। जैसे–

उसे **तैरना** नहीं आता।

पैसा **लेकर** जाओ।

भीख **माँगता** बच्चा दया का पात्र है।

उपर्युक्त वाक्यों में 'तैरना', 'लेकर' और 'माँगता' शब्द कृदन्त हैं , जो क्रमशः 'तैर' धातु में 'ना', 'ले' धातु में 'कर' और 'माँग' धातु में 'ता' प्रत्यय जोड़ने से बने हैं।

कृदन्त के आठ भेद हैं, जिनमें से चार विकारी हैं और चार अविकारी।

विकारी कृदन्त

1. क्रियार्थक संज्ञा–धातु में 'ना' प्रत्यय जोड़ने से जो संज्ञा बनती है, उसे क्रियार्थक संज्ञा कहते हैं। जैसे–

घूमना सेहत के लिए अच्छा है।

उसका मन **पढ़ने** में नहीं लगता।

2. कर्तृवाचक संज्ञा–क्रियार्थक संज्ञा के विकृत रूप में 'वाला' प्रत्यय जोड़ने से जो संज्ञा बनती है उसे कर्तृवाचक संज्ञा कहते हैं। जैसे–

शोर **मचानेवाला** कौन है?

भागनेवाला चोर पकड़ा गया।

माँगनेवाले को कुछ दे दो।

कर्तृवाचक संज्ञा के रूप अन्य आकारान्त संज्ञाओं की तरह लिंग, वचन और कारक के अनुसार बदलते हैं।

3. **वर्तमानकालिक कृदन्त विशेषण**—धातु के अन्त में 'ता' अथवा 'रहा' जोड़ने से जो विशेषण बनता है उसे वर्तमानकालिक कृदन्त विशेषण कहते हैं। इसके साथ कभी-कभी 'हुआ' शब्द जुड़ जाता है। जैसे—

खेलता बच्चा किसे अच्छा नहीं लगता?

बहती गंगा में अपना भी हाथ धो लो।

वर्तमानकालिक कृदन्त विशेषण अपने विशेषण के लिंग और वचन के अनुसार बदलते हैं।

4. **भूतकालिक कृदन्त विशेषण**—धातु में 'आ' या कभी-कभी 'या' जोड़ने से जो विशेषण बनता है, उसे भूतकालिक कृदन्त विशेषण कहते हैं। इसके साथ भी कभी-कभी 'हुआ' शब्द जुड़ जाता है। जैसे—

फटा दूध किस काम का?

गड़े मुर्दे उखाड़ने से क्या फायदा?

बचा हुआ खाना खराब हो गया।

अविकारी कृदन्त

1. **पूर्वकालिक कृदन्त**—धातु के अन्त में 'कर' अथवा 'के' जोड़ने से जो अव्यय बनता है, उसे पूर्वकालिक कृदन्त कहते हैं। इसका प्रयोग मुख्य क्रिया के पहले होनेवाले कार्य की समाप्ति के अर्थ में क्रिया-विशेषण के समान होता है। जैसे—

नहाकर खाना खाओ।

पुलिस को **देखकर** चोर भागा।

सहानुभूति **दिखाके** आखिर उसने धोखा दिया।

2. **तात्कालिक कृदन्त**—वर्तमानकालिक कृदन्त विशेषण के अन्तिम 'ता' का 'ते' करके उसके आगे 'ही' जोड़ने से जो अव्यय बनता है, उसे तात्कालिक कृदन्त कहते हैं। इसका प्रयोग मुख्य क्रिया के साथ होनेवाले कार्य की समाप्ति के अर्थ में, क्रियाविशेषण के समान होता है। जैसे—

उसके **आते** ही मैं चला गया।

बच्चा **उठते** ही रोने लगा।

3. **अपूर्णक्रिया द्योतक कृदन्त**—अपूर्णक्रियाद्योतक का रूप तात्कालिक कृदन्त के समान होता है परन्तु इसमें 'ही' नहीं जोड़ा जाता। इससे मुख्य क्रिया के साथ होनेवाले कार्य की सम्पूर्णता सिद्ध होती है। जैसे—

मुझे यहाँ काम **करते** दो साल हो गये।

पेड़ पर **चढ़ते** डर लगता है।

अपूर्णक्रियाद्योतक का प्रयोग क्रियाविशेषण की भाँति होता है।

4. पूर्णक्रियाद्योतक कृदन्त—पूर्णक्रियाद्योतक कृदन्त विशेषण के अन्तिम 'आ' को 'ए' में बदलने से बनता है। इससे मुख्य क्रिया के साथ होनेवाले व्यापार की पूर्णता सिद्ध होती है। जैसे—

उसे **नौकरी छोड़े** पाँच साल हो गये।

भारत को गणराज्य **बने** चालीस साल हो गये।

तद्धित

जो प्रत्यय संज्ञा, सर्वनाम, विशेषण या अव्यय के अन्त में जुड़ते हैं उन्हें तद्धित प्रत्यय कहते हैं।

कुछ तद्धित प्रत्यय हिन्दी के अपने हैं और कुछ संस्कृत के। तद्धित के अनेक भेद हैं, किन्तु यहाँ पर कुछ मुख्य भेदों का ही परिचय दिया गया है। यथा—

1. कर्तृवाचक तद्धित—जिन प्रत्ययों के योग से कार्य करने वाले का बोध होता है, उन्हें कर्तृवाचक तद्धित कहते हैं। इसके मुख्य प्रत्यय हैं—हारा, वाला, गर, गार, आर, पन, हार, र, रा, री आदि। शब्द के साथ इन प्रत्ययों का मेल होने पर शब्दों में भी प्रायः विकार हो जाता है। जैसे—

लकड़ी + हारा = लकड़हार। सोना + आर = सुनार।

पूजा + री = पुजारी।

2. भाववाचक तद्धित—जिन प्रत्ययों को संज्ञा अथवा विशेषणों के साथ जोड़ने से अर्थ या भाव का बोध हो, उन्हें भाववाचक तद्धित कहते हैं। ई, आस, आई, पन, हट, आपा, त्व, ता, ड़ा, आ, आई आदि इसके प्रत्यय हैं। जैसे—भलाई, मिठास, बचपन, बुढ़ापा, देवत्व, मानवता, दुखड़ा आदि।

3. अपत्यवाचक तद्धित—जिन प्रत्ययों के जुड़ जाने से शब्द के रूप में आन्तरिक परिवर्तन हो जाता है और शब्द का अर्थ सन्तानवाचक हो जाता है उन्हें अपत्यवाचक तद्धित कहते हैं। जैसे— यदु—यादव, रघु—राघव, विष्णु—वैष्णव, सुमित्रा—सौमित्र

4. गुणवाचक तद्धित—जिन प्रत्ययों के जुड़ने से किसी पदार्थ का गुण प्रकट हो उन्हें गुणवाचक तद्धित कहते हैं। जैसे—ठण्डा, मैला, ऊनी, भारी, रंगीला, झगड़ालू, पिछला आदि।

5. ऊनवाचक तद्धित—जिन प्रत्ययों के जुड़ जाने से मूल शब्द में लघुता का बोध हो, उन्हें ऊनवाचक तद्धित कहते हैं। आ, ई, क, ड़ा, ड़ी, इया, री, ली आदि इसके प्रत्यय हैं। जैसे—रस्सी, कटोरी, बालक, ढोलक, खटिया, कोठरी, रुपल्ली

आदि।

6. स्त्रीवाचक तद्धित—जिन प्रत्ययों के जोड़ने से मूल शब्द स्त्रीवाचक बनते हैं, वे स्त्रीवाचक तद्धित कहलाते हैं। ई, आ आदि इसके मुख्य प्रत्यय हैं। जैसे—

शिव—शिवा

हरिण—हरिणी

7. सादृश्य सूचक तद्धित—ये प्रत्यय संज्ञा शब्दों के साथ ऐसा, वैसा, जैसा, वत्,सा आदि लगाने से बनते हैं। जैसे—गाँधी-सा, सीता जैसी।

8. आदरसूचक तद्धित—संज्ञा शब्दों के आगे 'जी' जोड़ने से आदरसूचक तद्धितान्त शब्द बनते हैं। जैसे—माताजी, पिताजी, बाबूजी, गाँधीजी।

अभ्यास

1. शब्द-रचना के आधार क्या-क्या हैं? सोदाहरण स्पष्ट कीजिए।
2. उपसर्ग से क्या तात्पर्य है? हिन्दी में प्रयुक्त होनेवाले प्रमुख उपसर्गों का परिचय दीजिए।
3. प्रत्यय से क्या तात्पर्य है? उसके कितने भेद हैं?
4. प्रत्यय और कृदन्त में क्या अन्तर है?
5. कृदन्त कितने प्रकार के हैं? उदाहरण सहित समझाइए।
6. तद्धित प्रत्यय से क्या अभिप्राय है?
7. तद्धित के कुछ प्रमुख भेदों का उल्लेख कीजिए।

अध्याय 19

शब्द रचना–समास

परस्पर सम्बन्ध रखनेवाले दो या दो से अधिक शब्द मिलकर जब कोई स्वतन्त्र शब्द बनाते हैं तो इस मेल को **समास** कहा जाता है। इस प्रकार मिले हुए शब्दों को समस्या अथवा सामासिक शब्द कहते हैं। जैसे–घुड़सवार, यथाशक्ति, नीलकमल आदि।

समास और सन्धि में अन्तर

समास पदों के प्रयोग को कहते हैं और सन्धि वर्णों के योग को। समास में पदों के प्रत्यय समाप्त कर दिये जाते हैं। सन्धि के लिए दो वर्णों के मेल और विकार की गुंजाइश रहती है जबकि समास को इस मेल या विकार से कोई मतलब नहीं। सन्धि के तोड़ने को 'विच्छेद' कहते हैं ज़बकि समास का 'विग्रह' होता है। जैसे–'पीताम्बर' में दो पद हैं–'पीत' और 'अम्बर'। सन्धिविच्छेद होगा–पीत + अम्बर, जबकि समास विग्रह होगा–पीत है जो अम्बर या पीत है अम्बर जिसका=पीताम्बर। ध्यान देने की बात यह है कि हिन्दी में सन्धि केवल तत्सम पदों में होती है, जबकि समास तत्सम, हिन्दी, उर्दू हर प्रकार के पदों में।

–समास में दो पद अथवा दो खण्ड होते हैं जो 'पूर्वपद' और 'उत्तरपद' कहलाते हैं। सामासिक शब्द में जो पद प्रधान होगा, समस्तपद का लिंग, वचन और विभक्ति उसी के अनुसार होगी।

समास के चार भेद हैं–1. अव्ययीभाव 2. तत्पुरुष 3. द्वन्द 4. बहुव्रीहि।

अव्ययीभाव समास–जिस समास में पहला खण्ड–जो प्रायः अव्यय होता है–प्रधान हो, उसे अव्ययीभाव समास कहते हैं। जैसे–यथाशक्ति, प्रतिदिन, भरपेट आदि। इनमें पूर्वखण्ड के 'यथा', 'प्रति', 'भर' अव्यय प्रधान हैं, क्योंकि इन्हीं के प्रयोग से 'शक्ति', 'दिन' और 'पेट' संज्ञाओं के अर्थ में नवीनता या भिन्नता आयी है। इसके अतिरिक्त आ, यावत्, वि, वे, अन्, स्, निर, अति, भर, हर, ना, ब आदि अन्य मुख्य अवयव हैं, जो शब्द के आदि में जुड़कर अर्थ-परिवर्तन में सहायक होते हैं।

तत्पुरुष समास

जिस समास में उत्तर पद प्रधान होता है और पहला पद प्रायः संज्ञा या विशेषण और दूसरा पद संज्ञावाचक होता है, उसे तत्पुरुष समास कहते हैं। तत्पुरुष समास के दो मुख्य भेद हैं–1. व्यधिकरण तत्पुरुष 2. समानाधिकरण अथवा कर्मधारय तत्पुरुष।

व्यधिकरण तत्पुरुष समास

जिस समास के विग्रह में कर्त्ता और सम्बोधन कारकों की विभक्तियों को छोड़कर शेष कारकों की विभक्तियों का प्रयोग हो, उसे व्यधिकरण तत्पुरुष समास कहते हैं। शेष छः कारकों के नाम पर इसके छः भेद हैं–

1. **कर्म तत्पुरुष**–इसमें कर्मकारक की 'को' विभक्ति का लोप होता है। जैसे–
    स्वर्गप्राप्त = स्वर्ग को प्राप्त।
    चिड़ीमार = चिड़िया को मारनेवाला।
2. **करण तत्पुरुष**–इसमें करणकारक की विभक्ति 'से' का लोप हो जाता है। जैसे–
    अकालपीड़ित = अकाल से पीड़ित
    चिन्ताग्रस्त = चिन्ता से ग्रस्त।
    मदमस्त = मद से मस्त।
    तुलसीकृत = तुलसी से कृत।
3. **सम्प्रदान तत्पुरुष**–इसमें सम्प्रदान कारक की विभक्ति 'को' अथवा 'के लिए' का लोप हो जाता है। जैसे–
    रसोईघर = रसोई के लिए घर।
    पाठशाला = पाठ के लिए शाला।
    राहखर्च = राह के लिए खर्च।
    हवनसामग्री = हवन के लिए सामग्री।
4. **अपादान तत्पुरुष**–इसमें अपादान कारक की 'से' विभक्ति का लोप हो जाता है। जैसे–
    धर्मभ्रष्ट = धर्म से भ्रष्ट।
    देशनिकाला = देश से निकाला।
    पदच्युत = पद से च्युत।
    ऋणमुक्त = ऋण से मुक्त।
5. **सम्बन्ध तत्पुरुष**–इसमें सम्बन्ध कारक की 'का', 'के' और 'की' विभक्ति का लोप हो जाता है। जैसे–

राजकुमार = राजा का कुमार।
वायुपुत्र = वायु का पुत्र।
घुड़दौड़ = घोड़ों की दौड़।
देशोद्धार = देश का उद्धार।
लखपति = लाखों का पति (स्वामी)

6. **अधिकरण तत्पुरुष**—इसमें अधिकरण कारक की 'में' या 'पर' विभक्ति का लोप हो जाता है। जैसे—

वनवास = वन में वास।
घुड़सवार = घोड़े पर सवार।
आनन्दमग्न = आनन्द में मग्न।
चिन्तामग्न =चिन्ता में मग्न।

समानाधिकरण अथवा कर्मधारय तत्पुरुष

जिस तत्पुरुष समास के विग्रह में दोनों पदों के साथ एक ही—कर्त्ता कारक की—विभक्ति आती है, उसे समानाधिकरण अथवा कर्मधारय तत्पुरुष कहते हैं। इसके पद उपमान-उपमेय अथवा विशेषण-विशेष्य होते हैं। जैसे—

चन्द्रमुख = चन्द्रमा जैसा मुख।
नीलकमल = नीला कमल।

कर्मधारय तत्पुरुष के तीन भेद हैं—

1. **विशेषणवाचक**—जिस समास में विशेष्य-विशेषण का भाव सूचित हो उसे विशेषणवाचक कर्मधारय तत्पुरुष समास कहते हैं। जैसे—

नीलकमल = नीला कमल।
पुच्छलतारा = पूँछवाला तारा।

2. **उपमावाचक**—जिस समास से उपमान और उपमेय का भाव जाना जाय उसे उपमावाचक कर्मधारय तत्पुरुष समास कहते हैं। जैसे—

चरणकमल = चरण रूपी कमल।
भवसागर = भव रूपी सागर।

3. **द्विगु**—जिस समास में पहला पद संख्यावाचक विशेषण हो और जिससे किसी समुदाय का बोध हो, उसे द्विगु कर्मधारय तत्पुरुष समास कहते हैं। जैसे—

त्रिभुवन = तीन भुवनों का समूह।
सप्तर्षि = सात ऋषियों का समूह।

द्वन्द्व समास

जिस समास में सब खण्ड प्रधान होते हैं और विग्रह करने पर जिसमें 'और',

'या', 'अथवा' आदि योजक लगते हैं, उसे द्वन्द्व समास कहते हैं। जैसे—

धर्माधर्म = धर्म और अधर्म।
राजा-रानी = राजा और रानी।
तन-मन-धन = तन, मन और धन।

बहुव्रीहि समास

जिस समास में कोई भी शब्द प्रधान नहीं होता, बल्कि समस्त शब्द अपने खण्डों से भिन्न किसी संज्ञा का विशेषण होता है, उसे बहुव्रीहि समास कहते हैं। जैसे—

अनंग = नहीं है अंग जिसका (कामदेव)।
दशमुख = दश मुख हैं जिसके (रावण)।

अभ्यास

1. 'समास' और 'विग्रह' से क्या तात्पर्य है? स्पष्ट कीजिए।
2. समास के कितने भेद हैं? उदाहरण सहित समझाइए।
3. सन्धि और समास में क्या अन्तर है?
4. अव्ययीभाव समास किसे कहते हैं? सोदाहरण समझाइए।
5. तत्पुरुष समास के भेदोंपभेदों का सोदाहरण उल्लेख कीजिए।
6. द्वन्द्व समास किसे कहते हैं? सोदाहरण समझाइए।
7. बहुव्रीहि समास किसे कहते हैं? सोदाहरण समझाइए।
8. निम्नलिखित समस्त शब्दों का विग्रह करके हर एक के समास का नाम बताइए—
   यथाशक्ति, बेखटके, स्वर्ग-प्राप्त, गिरहकट, पाठशाला, रसोईघर, घुड़सवार, घुड़दौड़, लखपति, चतुर्भुज, दशानन, व्यवहारकुशल, कनफटा, चन्द्रमुख, नीलकमल, पीताम्बर, लम्बोदर, पाप-पुण्य, दिन-रात, परमात्मा, पुरुषोत्तम, फल-फूल।

अध्याय 20

पद-परिचय

वाक्य में प्रयुक्त भिन्न-भिन्न शब्दों का व्याकरण-शास्त्र के अनुसार परिचय देना, उनके भेद आदि तथा उनका परस्पर सम्बन्ध बताना **पद-परिचय** कहलाता है।

भिन्न-भिन्न शब्द-भेदों की व्याख्या करने में निम्नलिखित बातों का उल्लेख होना चाहिए—

संज्ञा—प्रकार (व्यक्तिवाचक, जातिवाचक आदि), लिंग, वचन, कारक और क्रिया आदि दूसरे शब्दों से सम्बन्ध।

सर्वनाम—प्रकार, जिस संज्ञा के बदले प्रयुक्त हुआ है , उसका निर्देश, पुरुष (उत्तम पुरुष, मध्यम पुरुष या अन्य पुरुष), लिंग, वचन, कारक तथा दूसरे शब्दों के साथ सम्बन्ध।

विशेषण—प्रकार, विशेष्य का परिचय, लिंग, वचन आदि।

क्रिया—प्रकार, वाच्य, काल और उसके भेद, पुरुष, लिंग, वचन तथा कर्त्ता, कर्म का परिचय।

क्रियाविशेषण—प्रकार, जिस क्रिया का विशेषण हो, उसका परिचय।

सम्बन्धबोधक—सम्बन्धी शब्द का परिचय।

समुच्चयबोधक—प्रकार, जिन शब्दों, वाक्यांशों या वाक्यों को जोड़े, उनका परिचय।

विस्मयादिबोधक—मन के जिस विकार को प्रकट करे, उसका परिचय।

पद-परिचय के नमूने

1. मेरी छोटी बहन अभी स्कूल से आयी है।

मेरी—पुरुषवाचक सर्वनाम, उत्तम पुरुष, स्त्रीलिंग, एकवचन, सम्बन्ध कारक, सम्बन्धी शब्द 'बहन'।

छोटी—गुणवाचक विशेषण, स्त्रीलिंग, एकवचन, विशेष्य बहन।

बहन—जातिवाचक संज्ञा, स्त्रीलिंग, एकवचन, कर्त्ताकारक, 'आयी है' क्रिया का कर्त्ता।

अभी—क्रियाविशेषण, कालवाचक, 'आयी है' क्रिया की विशेषता बतलाता है।

स्कूल से—जातिवाचक संज्ञा, पुल्लिंग, एकवचन, अपादान कारक।

आयी है—अकर्मक क्रिया, कर्तृवाच्य (कर्तरि प्रयोग), आसन्नभूत, अन्य पुरुष, एकवचन, 'बहन' इसका कर्त्ता है।

2. अहा! मैं परीक्षा में पास हो गया।

अहा—विस्मयादिबोधक, हर्षसूचक।

मैं—सर्वनाम, पुरुषवाचक, उत्तम पुरुष, पुल्लिंग, एकवचन।

परीक्षाण में — जातिवाचक संज्ञा, स्त्रीलिंग, एकवचन, अधिकरण कारक।

पास हो गया—संयुक्त क्रिया, अकर्मक, कर्तृवाच्य, सामान्यभूत, पुल्लिंग, एकवचन, उत्तम पुरुष, 'मैं' इसका कर्त्ता है।

अभ्यास

1. पद-परिचय में किन-किन बातों का परिचय देना चाहिए?
2. निम्नलिखित वाक्यों का पद-परिचय दीजिए—

(क) आज मेरा भाई मुम्बई से आया है।

(ख) कीमतें रोकने के लिए सरकार के पास कई उपाय हैं।

अध्याय 21

वाक्य-विचार

सार्थक शब्दों के व्यवस्थित रूप को **वाक्य** कहते हैं। मनुष्य के भाव या विचार की पूर्ण अभिव्यक्ति वाक्यों में ही होती है।

साधारणतः वाक्य के दो विभाग होते हैं—1. उद्देश्य 2. विधेय।

उद्देश्य—उद्देश्य वाक्य का वह विभाग है, जिसके द्वारा कार्य के कर्त्ता अथवा वाक्य के विधान को सूचित किया जाता है। जैसे—

लड़का पढ़ता है। इस वाक्य में 'लड़का' उद्देश्य है।

विधेय—वाक्य का वह विभाग विधेय कहलाता है जिसमें कार्य का होना सूचित होता है। जैसे—'लड़का पुस्तक पढ़ता है।' इस वाक्य में 'लड़का' उद्देश्य है और 'पुस्तक पढ़ता है' विधेय है। उद्देश्य में संज्ञा या सर्वनाम आते हैं तथा विधेय में क्रिया, कर्म इत्यादि होते हैं। यदि वाक्य दो शब्दों का हो तो विधेय में केवल क्रिया होती है।

वाक्य-रचना

वाक्य का आशय भली-भाँति समझने के लिए शब्दों को उनके अर्थ और प्रयोग के अनुसार एक निश्चित क्रम से रखने की रीति को वाक्य-रचना कहते हैं। जैसे—'शेर जंगल में रहता है।' इस वाक्य में पूर्ण रूप से अर्थ के अनुसार शब्दों के अन्वय तथा क्रम का विचार रखा गया है। इस प्रकार वाक्य-रचना करते समय शब्दों के परस्पर सम्बन्ध का समुचित ध्यान रखना आवश्यक है। इसके लिए मुख्यतः तीन बातों पर ध्यान देना आवश्यक है। यथा—1. अन्वय 2. क्रम 3. अधिकार।

अन्वय—वाक्य के शब्दों में लिंग, वचन, पुरुष, कारक और काल की जो समानता रहती है, उसे अन्वय कहते हैं। जैसे—'काला घोड़ा दौड़ता है।' इस वाक्य में 'काला' विशेषण शब्द का अन्वय 'घोड़ा' संज्ञा शब्द से लिंग और वचन का है एवं 'दौड़ता है' क्रिया का अन्वय 'घोड़ा' संज्ञा शब्द से लिंग, वचन और पुरुष का है।

क्रम—शब्दों को उनके अर्थ और सम्बन्ध की प्रधानता के अनुसार वाक्य में यथास्थान रखना क्रम कहलाता है। जैसे—'राम को धार्मिक पुस्तकें पसन्द हैं।' यदि

हम इसे क्रम में न रखें तो वाक्य की बनावट ठीक नहीं होगी। जैसे—पसन्द धार्मिक राम को हैं पुस्तकें।

अधिकार—संज्ञा अथवा सर्वनाम शब्द के कारक का सम्बन्ध सूचित करनेवाले शब्द को अधिकार कहते हैं। जैसे—'मैं कलम से लिखता हूँ।' इस वाक्य में 'लिखता हूँ' क्रिया के कारण उससे सम्बन्धित 'कलम' शब्द करण कारक में आया है।

अन्वय के भेद

वाक्य के किसी शब्द का दूसरे शब्द के साथ सम्बन्ध सूचित करनेवाले क्रम को अन्वय कहते हैं। यह अन्वय मुख्यतः पाँच प्रकार का होता है—

1. सर्वनाम और संज्ञा का अन्वय—सर्वनाम के लिंग और वचन संज्ञा के लिंग और वचन के अनुरूप होते हैं। जैसे—

मोहन ने कहा कि मैं रातभर सोऊँगा।

लड़कियों ने कहा कि हम पढ़ेंगी।

2. विशेषण और विशेष्य का अन्वय—प्रायः विशेष्य क लिंग, वचन इत्यादि ही विशेषण के लिंग और वचन होते हैं। जैसे—ठंडा पानी। उजला कपड़ा। अच्छे लड़के। अच्छी लड़की। लिंग, वचन आदि के कारण विशेषणों में जो रूपान्तर होता है उसके बारे में नौवें अध्याय में बताया जा चुका है।

एक ही विशेषण के कई विशेष्य हों तो विशेषण के लिंग और वचन उसी विशेष्य के अनुसार होते हैं, जो समीप हो। जैसे—पुराने कपड़े और दरियाँ।

3. कर्त्ता और क्रिया का अन्वय—यदि कर्त्ता विभक्ति रहित होता है, तब क्रिया का अन्वय कर्त्ता के अनुरूप होता है। जैसे—

लड़का पुस्तक पढ़ता है। लड़के पुस्तक पढ़ते हैं।

लड़की पुस्तक पढ़ती है। लड़कियाँ पुस्तकें पढ़ती हैं।

यदि कर्त्ता विभक्ति-सहित और कर्म विभक्ति रहित हो तो क्रिया का अन्वय कर्म के अनुरूप होता है। जैसे—

राम ने रोटी खायी।

सीता ने फल खाया।

कर्त्ता के लिंग में यदि सन्देह हो तो क्रिया का रूप सदा पुल्लिंग होता है। जैसे—कोई आया है। कौन जाएगा?

यदि दो या दो से अधिक विभक्ति रहित कर्त्ता 'या' आदि किसी विभाजक समुच्चयबोधक अव्यय से जुड़े हों तो क्रिया का अन्वय अन्तिम कर्त्ता के साथ होता है। जैसे—

यहाँ चाय या दूध नहीं मिलेगा।

यहाँ दूध या चाय नहीं मिलेगी।

यदि वाक्य में एक ही लिंग, वचन तथा पुरुष के कई विभक्ति-रहित कर्त्ता 'और' आदि संयोजक समुच्चयबोधक अव्यय से जुड़े हुए हों, तो क्रिया उसी लिंग के बहुवचन में होगी। जैसे–

मोहन और सोहन पढ़ रहे हैं।

राधा और गीता खेल रही हैं।

परन्तु एकवचन की दो या दो से अधिक अप्राणिवाचक संज्ञाओं के साथ क्रिया बहुधा एकवचन में आती है। जैसे–

मेरी पुस्तक और कलम खो गयी।

यदि भिन्न-भिन्न लिंगों के विभक्ति-रहित एकवचन कर्त्ता 'और' आदि संयोजक समुच्चयबोधक अव्यय से जुड़े हुए हों, तो क्रिया प्रायः पुल्लिंग और बहुवचन में होती है। जैसे–

राम और सीता वन गये।

बाघ और बकरी एक घाट पर पानी पीते हैं।

यदि भिन्न-भिन्न लिंगों के विभक्ति रहित कर्त्ता बहुवचन में हों तो क्रिया तो बहुवचन में होगी पर, उसका लिंग अन्तिम कर्त्ता के अनुसार होगा। जैसे–

लड़के और लड़कियाँ पढ़ती हैं। लड़कियाँ और लड़के पढ़ते हैं।

कर्म और क्रिया का अन्वय

यदि वाक्य में कर्त्ता 'ने' विभक्ति से युक्त हो और कर्म विभक्ति रहित हो तो क्रिया का अन्वय कर्म के साथ होगा। जैसे–

राम ने पुस्तक पढ़ी। मैंने रुपये दिये।

यदि कर्ता और कर्म दोनों विभक्ति-सहित हों, तो क्रिया सदा एकवचन, पुल्लिंग और अन्य पुरुष में होगी। जैसे–

राम ने सीता को बुलाया। माँ ने बच्चे को सुलाया।

सम्बन्ध और सम्बन्धी का अन्वय

का, के, की सम्बन्धवाची विशेषण परसर्ग हैं। इनका लिंग, वचन और कारकीय रूप वही रहता है, जो सम्बन्धी का। जैसे–

राम का घर।

रात के कुत्ते।

राम की पुस्तकें।

वाक्य-भेद

वाक्यों का वर्गीकरण मुख्यतः दो दृष्टियों से होता है–

1. अर्थ की दृष्टि से और 2. रचना की दृष्टि से।

अर्थ की दृष्टि से वाक्य-भेद

अर्थ की दृष्टि से वाक्य के आठ भेद किये जा सकते हैं–

1. विधानार्थक 2. निषेधार्थक 3. आज्ञार्थक 4. प्रश्नार्थक 5. विस्मयवाचक 6. इच्छावाचक 7. सन्देहार्थक 8. संकेतार्थक।

विधानार्थक–जिससे वाक्य में किसी बात का विधान अर्थात् होना पाया जाए उसे विधानार्थक वाक्य कहते हैं। जैसे–मैं कल मुम्बई जाऊँगा। नदी में बाढ़ आयी।

निषेधार्थक–जिससे वाक्य में किसी बात का निषेध पाया जाय, उसे निषेधार्थक वाक्य कहते हैं। जैसे–

मैंने खाना नहीं खाया। वे लोग अब नहीं आएँगे।

आज्ञार्थक–जिस वाक्य में किसी कार्य के लिए आज्ञा, अनुमति, प्रार्थना या उपदेश के भाव प्रकट हों, उसे आज्ञार्थक वाक्य कहते हैं। जैसे–

तुम चले जाओ। आप खाना खाइए।

प्रश्नार्थक–जिस वाक्य से प्रश्न का बोध हो, उसे प्रश्नार्थक वाक्य कहते हैं। जैसे–

क्या, वे लोग आ गये? तुम्हारा नाम क्या है?

विस्मयवाचक–जिस वाक्य से विस्मय आदि भाव प्रकट हों, उसे विस्मयवाचक वाक्य कहते हैं। जैसे–

वाह! क्या सुन्दर गीत है! हाय! मैं लुट गया।

इच्छावाचक–जिस वाक्य से इच्छा, आशीर्वाद आदि भावों का बोध हो उसे इच्छावाचक वाक्य कहते हैं। जैसे–

तुम्हारा कल्याण हो! भगवान भला करे!

सन्देहार्थक–जिस वाक्य के द्वारा सन्देह अथवा सम्भावना प्रकट हो, उसे सन्देहार्थक वाक्य कहते हैं। जैसे–

वह आता रहेगा। शायद आज पानी बरसे।

संकेतार्थक वाक्य–जिस वाक्य में संकेत या शर्त पायी जाए, उसे संकेतार्थक वाक्य कहते हैं। जैसे–

वह पढ़ता तो पास होता।

यदि तुम कहो तो मैं चला जाऊँ।

रचना की दृष्टि से वाक्य-भेद

रचना की दृष्टि से वाक्य के तीन भेद हैं–1. सरल अथवा साधारण वाक्य 2. मिश्र वाक्य 3. संयुक्त वाक्य।

सरल अथवा साधारण वाक्य–जिस वाक्य में एक ही उद्देश्य और एक ही विधेय हो वह सरल अथवा साधारण वाक्य कहलाता है। जैसे–

लड़का पुस्तक पढ़ता है। बच्चा सोता है।

मिश्र वाक्य—जिसमें वाक्य में एक प्रधान वाक्य और उसके अधीन एक या एक से अधिक उपवाक्य हों उसे मिश्र वाक्य कहते हैं। जैसे—

'मैं समझता था कि तुम सच बोलोगे।' इस वाक्य में 'मैं समझता था' प्रधान वाक्य है और 'तुम सच बोलोगे' प्रधान वाक्य का आश्रित उपवाक्य।

संयुक्त वाक्य—जिस वाक्य में दो या दो से अधिक सरल या मिश्र वाक्य परस्पर आश्रित न होकर मिले हुए हों, वह संयुक्त वाक्य कहलाता है। जैसे—वह आया और मैं चला गया। मैं समझता था कि तुम सच बोलोगे किन्तु मेरा विचार गलत निकला। पहले उदाहरण में दो सरल वाक्यों को 'और' योजक द्वारा मिलाया गया है और दूसरे में एक मिश्र वाक्य और एक सरल वाक्य को 'किन्तु' योजक द्वारा मिलाया गया है।

अभ्यास

1. वाक्य-विचार से क्या तात्पर्य है?
2. वाक्य के कितने विभाग हैं? उदाहरण देकर स्पष्ट कीजिए।
3. अन्वय, क्रम तथा अधिकार की परिभाषा देकर वाक्य में इनके स्थान पर प्रकाश डालिए।
4. अन्वय के कुछ मुख्य नियमों का परिचय उदाहरण सहित दीजिए।
5. अर्थ के अनुसार वाक्य के कितने भेद हैं? सोदाहरण समझाइए।
6. रचना की दृष्टि से वाक्य के कितने भेद हैं? उदाहरण देकर स्पष्ट कीजिए।

अध्याय 22

मुहावरे और लोकोक्तियाँ

जो वाक्यांश अपना सामान्य अर्थ न बताकर कुछ विलक्षण अर्थ प्रकट करता है, **मुहावरा** कहलाता है और बोलचाल में आनेवाला ऐसा बँधा वाक्य, जिसमें कोई अनुभव की बात संक्षेप में और प्रायः अलंकृत भाषा में कही गयी हो, **लोकोक्ति** या **कहावत** कहलाती है। जैसे– 'ताजमहल का सौन्दर्य देखकर लोग दाँतों तले उँगली दबाते हैं। मुझे देखते ही वह आँखें चुराने लगा।' इन वाक्यों में 'दाँतों तले उँगली दबाते हैं' तथा 'आँखें चुराने लगा' इन वाक्यांशों का वह तात्पर्य नहीं है जो उनका शब्दार्थ है। यहाँ 'दाँतों तले उँगली दबाने' का अर्थ है 'चकित होना' तथा 'आँखें चुराने' का अर्थ है 'अपने को छिपाना।' अतः ये दोनों वाक्यांश मुहावरे हैं। इसी प्रकार जब कोई आदमी काम करना न जानता हो , परन्तु अपने अज्ञान को छिपाने के लिए बहाने बनावे, तब कहा जाता है कि ''नाच न जाने आँगन टेढ़ा।'' यह एक बँधा हुआ वाक्य है और इसमें अनुभव संक्षेप में तथा अलंकृत भाषा में कहा गया है। अतः यह लोकोक्ति है। मुहावरों तथा लोकोक्तियों के प्रयोग से भाषा में सौन्दर्य, चमत्कार तथा प्रौढ़ता आती है।

यहाँ कुछ चुने हुए मुहावरे और प्रसिद्ध लोकोक्तियाँ दी गयी हैं।

मुहावरे

अंगार उगलना = गुस्से में कठोर वचन कह डालना।
अन्धे की लकड़ी=एकमात्र सहारा।
अक्ल के घोड़े दौड़ाना=युक्तियाँ सोचना।
अपना उल्लू सीधा करना =स्वार्थ सिद्ध करना।
अपनी खिचड़ी अलग पकाना=सब से अलग रहना।
अपने पाँव पर कुल्हाड़ी मारना=स्वयं अपना नुकसान करना।
अपने मुँह मियाँ मिट्ठू बनना=अपनी प्रशंसा आप करना।
आँख उठना=बुरी नीयत से देखना।
आँखें दिखाना=क्रोध करना।

आँखों में धूल झोंकना=धोखा देना।
आँच न आने देना=कष्ट न होने देना।
आँसू पोंछना=सान्त्वना देना।
आग में घी डालना=क्रोध को बढ़ाना।
आड़े हाथों लेना=खरी-खोटी सुनाना।
आपे से बाहर होना=अत्यधिक क्रुद्ध होना।
आसमान पर चढ़ाना=अत्यधिक प्रशंसा करना।
ईंट से ईंट बजाना=विध्वंस करना।
ईद का चाँद होना=लम्बे समय के बाद दिखाई पड़ना।
उँगली पर नचाना=वश में करना।
उल्टी गंगा बहना=विपरीत काम करना।
कमर टूट जाना=निराश हो जाना।
कलेजा मुँह को आना=जी घबराना।
कान देना=ध्यान देकर सुनना।
कान पकड़ना=किसी बुरे काम को फिर न करने का व्रत लेना।
किताब का कीड़ा होना=अधिक पढ़ते रहना।
किस मर्ज़ की दवा=किस काम के लिए।
कुत्ते की मौत मरना=बुरी तरह से मरना।
कोल्हू का बैल=कड़ी मेहनत करनेवाला।
खाक छानना=भटकना।
खाला का घर=आसान काम।
खून का प्यासा =किसी की जान लेने पर उतारू।
खयाली पुलाव पकाना=मनमानी कल्पनाएँ करना।
गड़े मुर्दे उखाड़ना=पुरानी बात को ले बैठना।
गले का हार=अत्यन्त प्रिय।
गाँठ बाँधना=अच्छी तरह याद करना।
गुड़ गोबर कर देना=काम बिगाड़ देना।।
घर का रास्ता लेना=चले जाना।
घाट-घाट का पानी पीना=जहाँ-तहाँ के अनुभव प्राप्त करना।
घाव पर नमक छिड़कना=दुखी को दुर्वचनों द्वारा और दुखी करना।
घोड़े बेचकर सोना=निश्चिन्त होकर सोना।
चार दिन की चाँदनी=थोड़े दिन का सुख।
चादर से बाहर पैर पसारना=आय से अधिक व्यय करना।
चिकना घड़ा=वह आदमी जिस पर उपदेश का कुछ असर न हो।

चुल्लू भर पानी में डूब मरना=लज्जा के मारे मुँह न दिखाना।
चूँ न करना=विरोध में कुछ न कहना।
चेहरा उतरना=उदास होना।
चोली दामन का साथ=अत्यधिक घनिष्ठता।
छक्के छूटना=हिम्मत हारना।
छठी का दूध याद आना=भारी संकट में पड़ना।
छाती पर मूँग दलना=किसी के सामने दुख देनेवाली बात करना।
जहर का घूँट पीना=असह्य क्रोध को सह लेना।
जान के लाले पड़ना=संकट में पड़ना।
टंका-सा जवाब देना=साफ इनकार कर देना।
जान पर खेलना=खुशी से प्राण देना।
टस से मस न होना=जरा भी न हिलना।
टाँग अड़ाना=बाधा डालना।
टेढ़ी खीर=कठिन काम।
डूबते को तिनके का सहारा=निस्सहाय मनुष्य को थोड़ी-सी सहायता।
तिल का ताड़ करना=बात बढ़ाना।
तिल धरने की जगह न होना=बहुत अधिक भीड़ होना।
तू-तू, मैं-मैं=लड़ाई-झगड़ा, गाली-गलौज।
थाली का बैंगन=कभी इस पक्ष और कभी उस पक्ष में हो जानेवाला।
दाँतों तले उँगली दबाना=आश्चर्य प्रकट करना।
दाँत निकालना=व्यर्थ हँसना।
दाना पानी=जीविका।
दाल में कुछ काला=खटका या सन्देह की बात।
दुम दबाकर भागना=डर के मारे भागना।
दूध का दूध और पानी का पानी=ठीक-ठीक न्याय।
दो नावों पर पैर रखना=दो विरोधी पक्षों का आश्रय लेना।
धज्जियाँ उड़ाना=दोष निकालना
धोखे की टट्टी=भम्र में डालनेवाली चीज़।
नमक-मिर्च लगाना=बात को बढ़ाकर कहना।
नाक कटना=बदनामी होना।
नाक रखना=इज्जत रखना।
नाक में दम करना=बहुत तंग करना।
नाक रगड़ना=दीनता से प्रार्थना करना।
नानी याद आना=संकट या आपत्ति आना।

निन्यानवे के फेर में पड़ना=पैसा कमाने के फेर में पड़ना।
नौ-दो ग्यारह=एकदम चम्पत हो जाना।
पत्थर की लकीर=दृढ़, पक्की बात।
पहाड़ टूट पड़ना=भारी विपत्ति आना।
पानी का बुलबुला=क्षणभंगुर।
पीठ ठोकना=उत्साह बढ़ाना।
पेट में चूहे कूदना=खूब भूख लगना।
पोल खोलना=रहस्य प्रकट करना।
पौ बारह होना =खूब लाभ होना।
प्राण हथेली पर लिये फिरना=प्राण देने पर उतारू होना।
बगलें झाँकना=निरुत्तर होना।
बायें हाथ का खेल=बहुत आसान।
बात का बतंगड़ बनाना=तुच्छ कारण से झगड़ा करना।
बाल की खाल उतारना=व्यर्थ में सूक्ष्म विवेचना करना।
बाल भी बाँका न होना=ज़रा भी हानि न होना।
बीड़ा उठाना=जिम्मेदारी उठाना।
भांडा फूटना=भेद खुलना।
मिट्टी का माधो=मूर्ख।
मुँह पर कालिख लगना=अपमानित होना।
मुट्ठी गरम करना=रिश्वत देना।
राई का पहाड़ बनाना=बात को बढ़ाकर कहना।
लेने के देने पड़ जाना=लाभ के स्थान पर हानि होना।
लोहे के चने चबाना=अत्यधिक कष्ट सहना।
सिर आँखों पर=सादर स्वीकृति।
सिर धुनना=पछताना।
जान पर खेलना=कठिन काम करना।
हवा से बातें करना=अति वेग से चलना।
हाथ धोना=खो देना।
हाथ पकड़ना=सहायता देना।
हाथ पसारना=माँगना।
हाथ-पैर जोड़ना=दीनता दिखाना।
हाथ साफ करना=बेईमानी से ठगना।

लोकोक्तियाँ

अन्धों में काना राजा=मूर्खों में थोड़े पढ़े-लिखे व्यक्ति का मान होता है।

अकेला चना भाड़ नहीं फोड़ सकता=बड़ा काम एक अकेले व्यक्ति से नहीं हो सकता।

अपनी गली में कुत्ता शेर =कमजोर से कमजोर भी अपने घर में धौंस जमाया करता है।

आम के आम गुठलियों के दाम=दुहरा कार्य सिद्ध होना।

आसमान का थूका मुँह पर आता है=बड़ों की निन्दा करने से अपनी ही बुराई होती है।

उलटा चोर कोतवाल को डाँटे=अपराध करके किसी को डाँटना।

ऊँची दुकान फीका पकवान=दिखावटी काम होना।

एक और एक ग्यारह होते हैं=मिलकर काम करने में बड़ी शक्ति होती है।

एक अनार सौ बीमार=एक चीज़ के सैंकड़ों इच्छुक होना।

एक पंथ दो काज=एक कार्य करने से दो लाभ होना।

एक तो करेला दूसरे नीम चढ़ा=एक स्वयं खराब स्वभाववाला होना फिर संगत भी वैसी मिलना।

ओखली में सिर दिया तो मूसलों से क्या डर=जब विपत्ति सहने के लिए तैयार हुआ तो दर्द की परवाह नहीं।

एक पापी सारी नाव ले डूबता है=एक दुष्ट के कारण सारे समाज की हानि होती है।

काला अक्षर भैंस बराबर=बिल्कुल निरक्षर।

कहाँ राजा भोज कहाँ गंगू तेली=बेमेल व्यक्तियों की कोई तुलना नहीं।

कुंजड़िन अपने बेरों को खट्टा नहीं कहती=अपनी चीज को कोई बुरा नहीं कहता।

कुछ लोहा खोटा, कुछ लुहार खोटा=दोनों तरफ कुछ कमी है।

खोदा पहाड़ और निकला चूहा=बहुत परिश्रम करने पर साधारण लाभ होना।

गंगा गये गंगादास, जमुना गये जमुनादास=अवसरवादी होना।

घर का भेदी लंका ढाहे=पारस्परिक फूट से घर का नाश होता है।

घर की मुर्गी दाल बराबर=घर की चीज़ की क़द्र नहीं होती।

चोर की दाढ़ी में तिनका=पापी स्वयं डर जाता है।

जिसकी लाठी उसकी भैंस=बलवान पुरुष का दबदबा रहता है।

जैसा देश वैसा भेष=जिस देश में रहें वैसी ही रीति ग्रहण करनी चाहिए।

दूध का जला छाछ फूँक-फूँककर पीता है=एक बार हानि उठानेवाले को हर काम में अन्देशा रहता है।

न रहेगा बाँस, न बजेगी बाँसुरी=जिससे नुकसान हो, उसका नाश ही कर देना अच्छा है।

नाच न जाने आँगन टेढ़ा=काम करने की योग्यता न होने पर दूसरे को दोष देना।

नीम हकीम खतरा-ए-जान=अधूरा ज्ञान हानिकर होता है।

नौ नगद न तेरह उधार=उधार सौदा देना ठीक नहीं।

बन्दर क्या जाने अदरक का स्वाद=मूर्ख व्यक्ति गुणों की क़द्र नहीं करता।

भागते भूत की लँगोटी सही=सब धन जाता हो तो उससे जो कुछ बचे वही बहुत है।

मान न मान मैं तेरा मेहमान=जबर्दस्ती गले पड़ना।

रस्सी जल गयी, ऐंठ न गयी=बुरी हालत होने पर भी घमंड नहीं गया।

लातों के देव बातों से नहीं मानते=समझाने से दुष्ट अपनी दुष्टता नहीं छोड़ते।

लोमड़ी को अंगूर खट्टे=कोई चीज़ न मिलने पर उस चीज़ को बुरा कहना।

साँप मरे न लाठी टूटे=किसी का नुकसान न हो, और काम भी हो जाय।

सावन हरे न भादों सूखे=सदा एक से।

हाथ-कंगन को आरसी क्या=प्रत्यक्ष के लिए प्रमाण की आवश्यकता नहीं।

हाथी के दाँत खाने के और, दिखाने के और=कहना कुछ और करना कुछ और।

होनहार बिरवान के होत चीकने पात=होनहार के लक्षण पहले ही से दिख जाते हैं।

भाग 2 : पत्र-लेखन

मनुष्य के सामाजिक जीवन में पत्र-व्यवहार का महत्त्वपूर्ण स्थान है। सामाजिक प्राणी होने के नाते मनुष्य अपने भाव और विचार दूसरों पर प्रकट करता रहता है। निकटस्थ व्यक्तियों से और कभी-कभी दूरभाष आदि यन्त्रों के सहारे दूरस्थ व्यक्तियों से भी बोलचाल के द्वारा वह अपने भावों और विचारों की अभिव्यक्ति कर लेता है, किन्तु दूरस्थ व्यक्तियों के साथ भावों और विचारों के आदान-प्रदान के माध्यम के रूप में पत्राचार का अपना विशिष्ट स्थान है। पत्र-व्यवहार के माध्यम से दूर बैठे व्यक्ति से भी निकट का सम्बन्ध स्थापित हो जाता है।

पत्र-व्यवहार का मुख्य उद्देश्य है सन्देशों का आदान-प्रदान किन्तु इसके द्वारा महत्त्वपूर्ण राजनीतिक, सामाजिक और प्रशासनिक कार्य भी सम्पन्न होते हैं। दुनिया भर में सरकारी कार्यकलाप पत्रों के द्वारा ही सम्पन्न होते हैं। अब तो स्थिति ऐसी हो गयी है कि नौकरी पाने, नियुक्ति करने और उससे सम्बन्धित अनेक कार्यों में पत्र-लेखन काम में आता है। बधाई देने के लिए, शोक प्रकट करने के लिए, शिकायत के लिए और विवाह आदि उत्सवों पर निमन्त्रण देने के लिए भी पत्रों का आदान-प्रदान होता है। आधुनिक जीवन में पत्र-व्यवहार के बढ़ते हुए महत्त्व को देखते हुए कहा जा सकता है कि जीवन में सफलता प्राप्त करने के लिए अन्य बातों के साथ पत्र-लेखन की कला में दक्ष होना भी मनुष्य के लिए आवश्यक हो गया है।

अच्छे पत्र की विशेषताएँ

अच्छे पत्र की निम्नलिखित विशेषताएँ मानी गयी हैं—

1. सरल भाषा-शैली 2. विचारों की स्पष्टता 3. संक्षिप्तता 4. प्रभावान्विति 5. बाहरी सजावट।

1. सरल भाषा-शैली—पत्र में व्यवहृत भाषा सरल होनी चाहिए। सरल, सटीक और उपयुक्त शब्दों के प्रयोग से पत्र प्रभावशाली हो जाता है। बात को घुमा-फिराकर न कहकर सीधे-सादे ढंग से कहना चाहिए।

2. विचारों की स्पष्टता—पत्र में अभिव्यक्त विचार सुस्पष्ट और सुलझे होने चाहिए। पत्र-लेखक को पांडित्य प्रदर्शन से बचे रहना चाहिए।

3. संक्षिप्तता—पत्र में विस्तृत विवरण, अतिशयोक्ति आदि के लिए स्थान

नहीं होना चाहिए। एक ही बात को बार-बार दोहराना ठीक नहीं है। मुख्य बातें आरम्भ में ही लिखी जानी चाहिए। पत्र-लेखन का सारा आशय पाठक के दिमाग में पूरी तरह बैठ जाना चाहिए।

4. प्रभावान्विति–पत्र का पूरा प्रभाव पाठक पर पड़ना चाहिए। पत्र-लेखन में विनय और सौहार्द्र के भाव होने चाहिए।

5. बाहरी सजावट–अच्छा कागज, सुन्दर और साफ लिखावट, विरामादि चिह्नों का यथास्थान प्रयोग आदि बाहरी सजावट के अन्तर्गत आते हैं। विषय-वस्तु के अनुपात में पत्र का कागज लम्बा-चौड़ा होना चाहिए। शीर्षक, तिथि, अभिवादन, अनुच्छेद और अन्त अपने-अपने स्थान पर क्रमानुसार होने चाहिए।

पत्रों के प्रकार

पत्र मुख्यतया चार प्रकार के होते हैं–

1. पारिवारिक पत्र 2. व्यावसायिक पत्र 3. आधिकारिक पत्र 4. कार्यालयीय पत्र।

1. पारिवारिक पत्र–परिवार के किसी सदस्य या सम्बन्धी को लिखे जाने वाले पत्र। इन्हें निजी पत्र या व्यक्तिगत पत्र भी कहते हैं। मित्रों को लिखे जानेवाले पत्र भी इनके अन्तर्गत आते हैं।

2. व्यावसायिक पत्र–इन पत्रों का सम्बन्ध व्यक्ति के अपने व्यवसाय से होता है। एक व्यवसायी किसी अन्य व्यवसायी अथवा ग्राहक को व्यवसाय से सम्बन्धित जो पत्र लिखता है उन्हें व्यावसायिक पत्र कहते हैं।

3. आधिकारिक पत्र–जो पत्र अधिकारियों को भेजे जाते हैं, वे आधिकारिक पत्र कहलाते हैं। आवेदन पत्र आदि इसके अन्तर्गत आते हैं।

4. कार्यालयीय पत्र–जो पत्र शासकीय अथवा अर्द्ध-शासकीय संस्थाओं के कार्यालयों द्वारा किसी व्यक्ति, संस्था अथवा किसी अन्य कार्यालय को भेजे जाते हैं, वे कार्यालयीय पत्र कहलाते हैं। इनकी रूपरेखा सामान्य पत्रों से बिल्कुल भिन्न होती है।

पारिवारिक पत्र

पारिवारिक पत्र में निम्नलिखित बातों पर ध्यान देना चाहिए–

1. पत्र के ऊपर दायें हाथ पर प्रेषक का पता और उसके नीचे पत्र भेजने की तिथि लिखनी चाहिए।
2. तिथि से अगली पंक्ति में बायें हाथ पर उपयुक्त सम्बोधन लिखा जाए।
3. सम्बोधन के बाद अगली पंक्ति में समुचित अभिवादन भी लिखना चाहिए।

4. इसके बाद पत्र का मुख्य कलेवर आता है। इसके अन्तर्गत वे सब बातें लिखी जाती हैं, जिन्हें पत्र पानेवाले को बतलाना अभीष्ट होता है।
5. कलेवर के बाद स्वनिर्देश अर्थात् अपना उल्लेख करना होता है। इसके द्वारा प्रेषिती (पाने वाले) के साथ पत्र-प्रेषक का सम्बन्ध सूचित किया जाता है। यह स्वनिर्देश पत्र के नीचे दायें हाथ पर लिखा जाता है।
6. स्वनिर्देश के ठीक नीचे प्रेषक के हस्ताक्षर रहते हैं।

कुछ ज्ञातव्य बातें

पत्र के प्रेषक और प्रेषिती के पारस्परिक सम्बन्ध के अनुसार सम्बोधन, अभिवादन और स्वनिर्देश में परिवर्तन हो जाता है।

अपने से बड़े, पिता के समकक्ष सभी सम्बन्धियों के लिए सम्बोधन 'पूज्य—जी' और अभिवादन 'सादर प्रणाम' या 'सादर नमस्ते' होगा। इसके साथ ही स्वनिर्देश 'आपका प्रिय' होगा। रिक्त स्थानों में पारस्परिक सम्बन्ध-सूचक शब्द 'चाचा', 'भतीजा' आदि लिखे जाएँगे।

अपने से बड़े, किन्तु बड़े भाई के समकक्ष सम्बन्धियों तथा परिचितों के लिए 'आदरणीय भाई जी' या 'माननीय गुप्ता जी' इत्यादि सम्बोधन होंगे। अभिवादन के लिए 'सादर नमस्ते' का प्रयोग होगा। स्वनिर्देश के लिए 'आपका स्नेहभाजन' लिखा जाएगा। स्त्री-सम्बन्धियों या परिचितों के लिए भी 'पूज्य' और 'आदरणीय' का ही प्रयोग होगा, 'पूज्या' और 'आदरणीया' का नहीं।

अपने बराबरवालों, अपने से छोटों और परिचितों के लिए सम्बोधन 'प्रिय भाई', 'प्रिय भाई मनोहर' या 'प्रिय मोहनलाल' रहेंगे। अभिवादन में 'सप्रेम नमस्ते' लिखा जाएगा। स्वनिर्देश के लिए 'तुम्हारा स्नेही मित्र' या 'तुम्हारा स्नेही भाई' लिखा जाएगा।

अपने पुत्र-पुत्रियों के लिए सम्बोधन होगा, 'प्रिय पुत्र गोपाल' या 'प्रिय गोपाल', अभिवादन होगा 'प्रसन्न रहो' या 'शुभ आशीर्वाद' और स्वनिर्देश होगा 'तुम्हारा स्नेही पिता'।

पुत्र-पुत्रियों के समकक्ष अन्य सम्बन्धियों और परिचितों के लिए सम्बोधन होगा 'प्रिय संजय', 'प्रिय दीपा' इत्यादि, अभिवादन होगा 'शुभ आशीर्वाद' या 'प्रसन्न रहो' और स्वनिर्देश होगा 'तुम्हारा स्नेही पिता'।

पता भी पत्र का आवश्यक अंग है। हिन्दी में पता ठीक अंग्रेजी की ही तरह लिखा जाता है। पते का प्रारम्भ प्रेषिती के नाम से करना चाहिए। अंग्रेजी के 'मिस्टर', 'मिसेज' और 'मिस' सम्बोधन के स्थान पर हिन्दी में क्रमशः 'श्री' या 'श्रीमान', 'श्रीमती' या 'सुश्री' एवं 'कु.' (कुमारी) या 'सुश्री' का प्रयोग किया जाता है। नाम के बाद यदि किसी व्यक्ति द्वारा अन्य किसी को पत्र मिलना है तो 'मार्फत'

अथवा 'द्वारा' लिखकर उस व्यक्ति या फर्म का नाम लिखते हैं। अगली पंक्ति में मकान-नम्बर, गली, मुहल्ला इत्यादि लिखते हैं। आगे की पंक्ति में शहर और फिर राज्य का नाम आता है। यदि विदेश भेजना है तो उस देश का नाम भी अन्त में होना आवश्यक है। जैसे—

श्री रघुनाथ त्रिपाठी
24, एस.एम. रोड,
ऐण्टाप हिल
मुम्बई—37

पारिवारिक पत्रों के नमूने

पुत्र का पत्र पिता के नाम

31, बिड़ला छात्रावास
हिल रोड, बाँद्रा
मुम्बई—50
दि. 25 जनवरी, 1990

पूज्य पिताजी,

सादर प्रणाम!

आपका 15 जनवरी का पत्र मिला। पढ़कर बड़ी प्रसन्नता हुई। आपके आशीर्वाद से मैं यहाँ मजे में हूँ और जी लगाकर पढ़ रहा हूँ। अब हमारी परीक्षा में सिर्फ दो दिन रह गये हैं, इसलिए पढ़ाई में विशेष परिश्रम कर रहा हूँ।

आपने जो 200 रु. भेजे थे, वे समाप्त हो गये हैं। छात्रावास की फीस अभी देनी है और मुझे कुछ आवश्यक चीजें खरीदनी भी हैं। यह पत्र मिलते ही 200 रुपये और भेज देने की कृपा करें।

माताजी को मेरा प्रणाम और चुन्नू को प्यार।

आपका प्रिय पुत्र
शम्भुदयाल

पिता का पत्र पुत्र के नाम

34, टोडरमल रोड
जोधपुर
दि. 2 फरवरी, 1990

प्रिय पुत्र शम्भु,

प्रसन्न रहो!

काफी प्रतीक्षा के बाद कल तुम्हारा पत्र मिला। यह जानकर प्रसन्नता हुई कि तुम्हारा अध्ययन ठीक से चल रहा है। मुझे पूरी उम्मीद है कि हमेशा की तरह इस बार भी परीक्षा में प्रथम आकर तुम अपने पिता के नाम को रौशन करोगे।

आज ही 200 रुपये मनी-आर्डर से तुम्हारे नाम भेज दिये हैं। आशा है इससे तुम्हारा काम हो जाएगा। अगर रुपये की और जरूरत हो तो लिखना। मैं भेज दूँगा। अपनी तन्दरुस्ती का खयाल रखना। तुम्हारी परीक्षा क़ब समाप्त होगी और कब तक तुम वापस आओगे?

शेष सब कुशल हैं। तुम्हारी माताजी तुम्हें आशीर्वाद देती हैं और चुन्नू नमस्ते कहता है।

तुम्हारा स्नेही पिता
रघुवर दयाल

बड़े भाई का छोटी बहन को पत्र

56 ए, कमला नगर,
दिल्ली—6
दि. 14 फरवरी, 1990

प्रिय लता,

प्रसन्न रहो!

आज मुझे माताजी का पत्र मिला है। उन्होंने लिखा है कि तुम अपनी पढ़ाई में आवश्यक रुचि नहीं ले रही हो। इस समाचार से मुझे चिन्ता हो रही है।

तुम्हारी परीक्षा नजदीक आ रही है बहन। तुम शायद नहीं समझ पा रही हो कि दसवीं की यह परीक्षा तुम्हारे जीवन का पहला महत्त्वपूर्ण पड़ाव है और आगे के जीवन की नींव है। हम सबकी इच्छा है कि तुम उच्च शिक्षा प्राप्त करो और इस प्रकार उन्नति के मार्ग पर आगे बढ़ो। यह तभी हो सकेगा, जब तुम अपनी पढ़ाई पर पूरा ध्यान दोगी।

तुम्हें अब पूरी तरह पढ़ाई में लग जाना चाहिए। एक-एक विषय को छानकर देखो और अपनी कमजोरियों को दूर करो। प्रश्नों को लिख-लिखकर याद करो। इस प्रकार तुम्हें लिखने का अभ्यास भी हो जाएगा।

मुझे आशा है कि तुम अच्छी लड़की की तरह मेरी बात पर ध्यान दोगी और अपने काम में जुट जाओगी। माताजी और पिताजी को मेरा नमस्कार।

तुम्हारा भाई
अरविन्द रंजन

मित्र के नाम पत्र–अपने कॉलेज के वार्षिकोत्सव का उल्लेख करते हुए।

2/26, तिलक नगर
नयी दिल्ली
दि. 15 मई, 1990

प्रिय मित्र सुदीप,

सप्रेम नमस्ते!

आशा है कि तुम सानन्द हो। इधर कई दिनों से तुम्हारा पत्र नहीं आया। क्या हो गया तुम्हें?

हमारे कॉलेज के वार्षिकोत्सव का निमन्त्रण-पत्र मैंने तुम्हें भेजा था। मुझे खेद है कि तुम इस समारोह में भाग नहीं ले पाये। यह वार्षिकोत्सव 15 फरवरी, 1990 को समारोहपूर्वक सम्पन्न हुआ। विश्वविद्यालय अनुदान आयोग के चेयरमैन समारोह के मुख्य अतिथि थे। लगभग दो सप्ताह पहले से इस उत्सव की तैयारियाँ की जा रही थीं। कॉलेज के मुख्य द्वार को फूलों से सजाया गया था। उत्सव का कार्यक्रम कॉलेज के सभा-भवन में सम्पन्न हुआ।

मुख्य अतिथि का भाषण पांडित्यपूर्ण और प्रेरणादायक था। प्रिंसिपल साहब ने कॉलेज का वार्षिक विवरण पढ़कर सुनाया। मुख्य अतिथि ने पुरस्कार-विजेताओं को अपने कर-कमलों से पारितोषिक प्रदान किये और बधाई दी।

वार्षिकोत्सव का सबसे आकर्षक हिस्सा था–सांस्कृतिक कार्यक्रम। जयशंकर प्रसाद के प्रसिद्ध महाकाव्य 'कामायनी' पर आधारित नृत्य-नाटिका ने दर्शकों का मन मोह लिया। इसके अलावा नृत्य और ललित संगीत का भी कार्यक्रम था, जिसमें कॉलेज के युवा कलाकारों ने अपनी अपूर्व प्रतिभा का परिचय दिया। उनका कला-कौशल देखकर सचमुच मैं भाव-विभोर हो गया। मुझे उस समय तुम्हारी बहुत याद आयी।

अपने पूज्य पिताजी और माताजी को मेरी ओर से सादर प्रणाम तथा प्रिय संजीव और रेणु को प्यार।

तुम्हारा स्नेही मित्र
अविनाश

मित्र को परीक्षा में उत्तीर्ण होने पर बधाई-पत्र

5, वसन्त भवन
सहार रोड, अँधेरी
मुम्बई–69
दि. 4 मार्च, 1990

प्रिय मित्र सन्दीप,

सप्रेम नमस्ते!

अभी-अभी तुम्हारा पत्र मिला। पढ़कर बहुत प्रसन्नता हुई कि इस बार की बी. ए. परीक्षा में तुम पूरे विश्वविद्यालय में सर्वप्रथम आये हो। मेरी हार्दिक बधाइयाँ स्वीकार करो। मुझे तुमसे इस बात की पूरी उम्मीद थी।

अब बताओ आगे की क्या योजना है? एम.ए. तो करोगे ही। सिविल सर्विस परीक्षा की भी तैयारी करते रहना। मुझे पूरा विश्वास है कि तुम आई.ए.एस. में आ जाओगे। तुम्हारे उज्ज्वल भविष्य के लिए भगवान से प्रार्थना करता हूँ।

एक बार पुनः मेरी बधाई।

तुम्हारा स्नेही मित्र
आलोक कुमार

प्रीति भोज के लिए निमन्त्रण-पत्र

73, कमला नगर
दिल्ली—7
दि. 30 दिसम्बर, 1990

प्रिय मित्र,

मेरे बड़े भाई के विधायक चुने जाने के उपलक्ष्य में 5 जनवरी, 1990, शनिवार को शाम सात बजे प्रीति भोज का आयोजन किया गया है। प्रार्थना है कि तुम आनन्द के इस अवसर पर हमारे घर पधारकर और भोज में भाग लेकर अनुगृहीत करो।

तुम्हारा प्रिय मित्र
सूरजभान

निमन्त्रण-पत्रों की एक और कोटि

निमन्त्रण-पत्रों की एक और कोटि है जिसकी रूपरेखा पारिवारिक या निजी पत्रों से भिन्न होती है। ये प्रायः छपे हुए होते हैं जिनमें केवल प्रेषिती के नाम की जगह खाली छोड़ दी जाती है। इनमें प्रेषक का पता और दिनांक पत्र में नीचे बायीं ओर लिखी जाती है। सम्बोधन और अभिवादन दोनों ही नहीं होते। स्वनिर्देश के लिए 'दर्शनाभिलाषी' लिखा जाता है और उसके नीचे एक या एक से अधिक व्यक्तियों के नाम छपे रहते हैं। निमन्त्रण-पत्रों में केवल प्रेषिती का नाम ही स्याही से लिखा जाता है।

विवाह का निमन्त्रण-पत्र

श्रीमान्/श्रीमती..................

आपको यह जानकर प्रसन्नता होगी कि मेरे प्रिय पुत्र पंकज कुमार का शुभ विवाह कानपुर निवासी राम बहादुर सिंह की सुपुत्री कुमारी अलका से होना निश्चित हुआ है। विवाह की तिथि वृहस्पतिवार 9 फरवरी, 1990 निश्चित है।

अतः आपसे निवेदन है कि इस शुभ अवसर पर सपरिवार पधारकर विवाह की शोभा बढ़ायें।

दर्शनाभिलाषी

12, महानगर

सूरजप्रताप सिंह

लखनऊ

सूचना—बारात 8 फरवरी को प्रातः 9 बजे 18, महानगर से बस द्वारा प्रस्थान करेगी। कृपया प्रातः ठीक 7.30 बजे तक अवश्य तैयार होकर आ जाएँ।

गृह-प्रवेश का निमन्त्रण

श्रीमान्/श्रीमती.............................

आपको यह जानकर प्रसन्नता होगी कि वसन्त विहार में बने हमारे नये भवन का गृह-प्रवेश समारोह रविवार 4 फरवरी, 1990 को प्रातःकाल 10 बजे सम्पन्न होगा। आपसे अनुरोध है कि आप इस शुभ अवसर पर पधारकर हमारे आनन्द को द्विगुणित करें।

दर्शनाभिलाषी

25 जनवरी, 1990

राघवेन्द्र

41 बी, वसन्त विहार

वीरभद्र

नयी दिल्ली

व्यावसायिक पत्र

व्यावसायिक पत्र का ढाँचा पारिवारिक पत्रों के ढाँचे से भिन्न है। व्यावसायिक पत्रों में प्रेषक का पता या तो ऊपर छपा रहता है अथवा दायीं ओर लिखा जाता है। तार का पता या फोन नं. भी इसी के साथ-साथ ऊपर या नीचे सुविधानुसार दे दिया जाता है। दायीं ओर प्रेषक के पते के नीचे दिनांक लिखा जाता है। जहाँ जरूरी हो, पत्र के ऊपर बायीं ओर क्रमांक भी लिखा जाता है। इसके नीचे कुछ जगह छोड़कर प्रेषिती का नाम-पता लिखा जाता है। सम्बोधन के लिए 'प्रिय महोदय' लिखा जाता है। व्यावसायिक पत्रों में अभिवादन नहीं होता। स्वनिर्देश तथा हस्ताक्षर अन्य पत्रों की भाँति दायीं ओर पत्र के नीचे होते हैं। स्वनिर्देश के अन्तर्गत साधारणतः 'आपका विश्वासभाजन', 'भवदीय' आदि का प्रयोग किया जाता है। हस्ताक्षर सदैव स्पष्ट न

हों तो हस्ताक्षरकर्त्ता का नाम हस्ताक्षर के नीचे कोष्ठक में टाइप कर देना या लिख देना चाहिए। यदि हस्ताक्षरकर्त्ता दूसरे सज्जन के दायित्त्व पर पत्र लिख रहा है, तो उसे 'निमित्त', 'वास्ते', 'के लिए', 'कृते' आदि शब्दों का प्रयोग करना चाहिए।

व्यावसायिक पत्रों के नमूने

1. पुस्तकें मँगाने के लिए आदेश-पत्र

प्रदीप प्रकाशन

(पुस्तक प्रकाशक तथा विक्रेता)

क्रमांक : 327/89-90

12, महात्मा गाँधी रोड,
रामटेक
महाराष्ट्र

दि. 30 जून 1990

सर्वश्री राजकमल प्रकाशन
8, नेताजी सुभाष मार्ग
नयी दिल्ली–2

प्रिय महोदय

कृपया निम्नलिखित पुस्तकें सवारी गाड़ी से (रेलवे के दायित्त्व पर) 20 जुलाई तक भेज दीजिएगा और रेलवे रसीद कैनरा बैंक रामटेक शाखा द्वारा भिजवा दीजिएगा–

1. प्राचीन भारत–ले. राधाकुमुद मुखर्जी 50 प्रतियाँ
2. हिन्दू सभ्यता–ले. राधाकुमुद मुखर्जी 50 प्रतियाँ
3. भाषा और समाज–ले. रामविलास शर्मा 100 प्रतियाँ

कृपया यह भी सूचित करें कि डॉ. ब्रजमोहन की पुस्तक 'शब्दचर्चा' का नया संस्करण कब तक उपलब्ध होगा। सधन्यवाद।

आपका विश्वासभाजन
रामचन्द्र
व्यवस्थापक

2. आदेश-प्राप्ति की स्वीकृति का पत्र

राजकमल प्रकाशन (प्रा.) लि.

(पुस्तक प्रकाशक तथा विक्रेता)

क्रमांक : 246/द/9

8, नेताजी सुभाष मार्ग
नयी दिल्ली-2

दि. 4 जुलाई, 1990

सर्वश्री प्रदीप प्रकाशन
12, महात्मा गाँधी रोड
राम टेक

प्रिय महोदय,

आपका दिनांक 30 जून का आदेश संख्या 327/89-90 प्राप्त हुआ। धन्यवाद। आपके आदेश का माल निर्देशानुसार सवारी गाड़ी द्वारा कल ही अवश्य भिजवा दिया जाएगा।

हमें यह सूचित करते हुए हर्ष है कि डॉ. ब्रहमोहन की पुस्तक 'शब्दचर्चा' का नया संस्करण इस महीने के अन्त तक उपलब्ध हो जाएगा।

सधन्यवाद

भवदीय
आलोक दास
विक्रय व्यवस्थापक

3. डाक अधिकारी को शिकायती पत्र

विद्या प्रकाशन

(पुस्तक प्रकाशक तंथा विक्रेता)

क्रमांक : 122/90

22, महात्मा गाँधी मार्ग
इलाहाबाद—1
दि. 5 मई, 1990

पोस्ट मास्टर महोदय
मुख्य डाकघर
इलाहाबाद

प्रिय महोदय,

गत 25 मार्च को हमने एक पार्सल रजिस्ट्री द्वारा मुख्य डाकघर से श्री. रघुराम सिंह, 22, एस.एम.रोड, ऐण्टाप हिल, बम्बई—38 के नाम से भिजवाया था। एक महीना बीत गया है, किन्तु वह पार्सल अभी तक उन्हें नहीं मिला है। उस रजिस्ट्री की रसीद संख्या के. 243 है।

कृपया इस मामले में उचित कार्यवाही कर हमें सूचित करने का कष्ट करें। आशा है आपसे शीघ्र उत्तर मिलेगा।

भवदीय
आनन्द अग्रवाल
विक्रय व्यवस्थापक

आधिकारिक पत्र

विभिन्न प्रकार के आवेदन और शिकायती पत्र इसके अन्तर्गत आते हैं। इसका ढाँचा व्यावसायिक पत्र के ढाँचे से थोड़ा भिन्न है। पारिवारिक पत्र की तरह इसमें पत्र-प्रेषक का पता दायें हाथ पर ऊपर के कोने में लिखा जाता है और उसके नीचे दिनांक भी लिखा जाता है। फिर अगली पंक्ति में बायें कोने पर प्रेषिती का पद और पता लिखा जाता है। सम्बोधन के लिए 'महोदय' शब्द का प्रयोग होता है और अभिवादन होता ही नहीं है। स्वनिर्देश तथा हस्ताक्षर पत्र के नीचे दायीं ओर रहते हैं।

आवेदन–1

(प्राध्यापक की नौकरी के लिए)

31, वसन्त विहार
नयी दिल्ली
दि. 2 जून, 1990

प्रिंसिपल महोदय
विक्टोरिया कॉलेज
नयी दिल्ली

महोदय,

31 मई के 'हिन्दुस्तान टाइम्स' में आपका विज्ञापन पढ़ने से ज्ञात हुआ कि आपके कॉलेज में एक वाणिज्य के लेक्चरार का स्थान रिक्त है। मैं इस पद पर नियुक्ति की इच्छा से यह प्रार्थना-पत्र आपकी सेवा में भेज रहा हूँ।

मेरी योग्यता तथा अनुभव के सम्बन्ध में मुझे निम्नलिखित निवेदन करना है–

1. शिक्षा–

(क) हायर सेकेण्ड्री कामर्स–मध्य प्रदेश बोर्ड–प्रथम श्रेणी।
(ख) बी.कॉम–सागर यूनिवर्सिटी–प्रथम श्रेणी–द्वितीय स्थान।
(ग) एम. कॉम–दिल्ली विश्वविद्यालय–प्रथम श्रेणी–द्वितीय स्थान।
(घ) एम.फिल–दिल्ली विश्वविद्यालय–प्रथम श्रेणी–द्वितीय स्थान।

2. अनुभव–

लेक्चरॉर वाणिज्य विभाग–एक वर्ष–महाराजा कॉलेज, इन्दौर, (बी.कॉम तथा एम.कॉम कक्षाओं में अध्यापन।)

3. प्रकाशित रचनाएँ–

(क) 12 लेख– प्रत्येक की एक-एक प्रति रजिस्टर्ड।
(ख) 3 पुस्तिकाएँ– पोस्ट से पृथक भेजी है।

4. अन्य विशेषताएँ–

उत्तम स्वास्थ्य, आयु 26 वर्ष, खेल-कूद में रुचि, वाद-विवाद प्रतियोगिता में पुरस्कार प्राप्त किये हैं।

5. सन्दर्भ तथा प्रमाण-पत्र–

निम्नलिखित महानुभावों के प्रमाण-पत्र तथा प्रशंसा-पत्र संलग्न हैं, जिससे मेरे चरित्र का भी पता मिलता है–

(1) प्रिंसिपल, महाराजा कॉलेज, इन्दौर।

(2) अध्यक्ष, वाणिज्य विभाग, दिल्ली विश्वविद्यालय।

अन्त में आपसे नम्र निवेदन है कि मुझे आपके सम्मुख उपस्थित होने का अवसर प्रदान करने की कृपा करें। मुझे विश्वास है कि मैं आपको अपनी योग्या से प्रभावित करने में समर्थ हो सकूँगा। यदि आप मेरी नियुक्ति इस पद के लिए कर सकें तो मैं आपको विश्वास दिलाता हूँ कि प्राध्यापक के रूप में अपने कर्त्तव्यों का मैं सफलतापूर्वक निर्वाह कर पाऊँगा।

भवदीय

गिरिजाशंकर दुबे

संलग्न : प्रमाण-पत्र : 3

आवेदन–2

(प्रकाशन अधिकारी के पद के लिए)

234, सकूर बस्ती

दिल्ली–32

14 मई, 1990

सर्वश्री विकास प्रकाशन

खार, बम्बई–57

महोदय,

12 मई के 'टाइम्स ऑफ इण्डिया' में आपका विज्ञापन पढ़ने से ज्ञात हुआ कि आपकी संस्था में एक प्रकाशन अधिकारी का पद रिक्त है। इस पद पर नियुक्ति की इच्छा से मैं अपना आवेदन पत्र आपकी सेवा में विचारार्थ भेज रहा हूँ।

मेरी योग्यता और अनुभव का विवरण निम्नलिखित है–

1. शिक्षा–

(क) एम.ए. (हिन्दी) प्रथम श्रेणी–सागर विश्वविद्यालय।

(ख) साहित्यरत्न (अर्थशास्त्र) द्वितीय श्रेणी–हिन्दी साहित्य सम्मेलन।

2. अनुभव–

(क) व्यवस्थापक–विद्या प्रकाशन, बम्बई–3 वर्ष।

(ख) प्रकाशन अधिकारी–प्रभात प्रकाशन, दिल्ली–4 वर्ष।

3. प्रकाशन–

तीन उपन्यास, दो समालोचना ग्रन्थ।

4. अवस्था–30 वर्ष।

मैं आपको विश्वास दिलाता हूँ कि अगर इस पद पर मेरी नियुक्ति हो जाए तो मैं आपकी संस्था की भरपूर सेवा कर पाऊँगा।

आशा है मेरे आवेदन-पत्र पर आप सहानुभूतिपूर्वक विचार करेंगे।

भवदीय

सुरेन्द्रप्रताप सिंह

शिकायती पत्र

(म्युनिसिपल स्वास्थ्य अधिकारी को)

2, गणेश विहार,
एस.एम. रोड, ऐण्टाप हिल
बम्बई–38

5 जून, 1990

श्रीमान् स्वास्थ्य अधिकारी
'जे' वार्ड, ऐण्टाप हिल
बम्बई–38

महोदय,

हमारे मकान 'गणेश विहार' के सामने एक म्युनिसिपल सार्वजनिक खुली नाली है। एस.एम. रोड के किनारे-किनारे बहनेवाली नाली में इतना कचरा भर गया है कि उससे पानी का बहाव रुक गया है। सड़े हुए पानी में कीड़े पैदा हो गये हैं, जिससे भयंकर बदबू आ रही है। इस गन्दगी के कारण मच्छरों की पैदाइश में वृद्धि हो चुकी है, जिससे मलेरिया फैलने की आशंका है। सफाई करनेवाले कर्मचारी इस ओर बिल्कुल उदासीन हैं। सड़क की सफाई भी इधर ठीक तरह से नहीं हो पा रही है। सारे क्षेत्र में भयंकर बीमारी फैलने का खतरा पैदा हो गया है।

अतः आपसे विनम्र प्रार्थना है कि एस.एम. रोड के किनारे-किनारे बहनेवाली उक्त नाली की सफाई की उचित व्यवस्था करें ताकि मुहल्ले के लोग स्वच्छ वायु में साँस ले सकें।

भवदीय

विनीत कुमार

सम्पादक के नाम पत्र

(खाद्य पदार्थों में मिलावट की समस्या के बारे में)

6, राजेन्द्र नगर
जयपुर
14 जून, 1990

सम्पादक महोदय
दैनिक हिन्दुस्तान
दिल्ली

महोदय,

12 जून के दैनिक हिन्दुस्तान में श्री. आलोक गुप्ता द्वारा लिखित 'सरकार निष्क्रिय क्यों है?' शीर्षक लेख प्रकाशित हुआ था, जिसमें उन्होंने मिलावट की रोकथाम के लिए उपाय सुझाये थे।

खाद्यान्नों में मिलावट के कारण उत्पन्न होनेवाली बीमारियों और मृत्यु आदि के समाचार नित्य आते रहते हैं। यह तो एक साधारण-सी घटना है। वास्तव में मिलावट की यह बीमारी सम्पूर्ण भारत में व्याप्त है। कुछ बातें तो समाचार पत्रों के माध्यम से जनता को ज्ञात होती हैं, लेकिन बहुत-सी बातें सारे देश की जनता को मालूम ही नहीं होतीं। देश के हर भाग में किसी न किसी स्थान पर मिलावट के कारण लोग मरते हैं तथा कई नयी-नयी बीमारियों के शिकार होते हैं।

जनता के जीवन के साथ खिलवाड़ करनेवाले इन व्यक्तियों को उचित दंड देने के विषय में क्या हमारा कानून अपर्याप्त है? लगता तो ऐसा ही है। मिलावट करनेवाले व्यक्ति को उसके कारण होनेवाली मौत के लिए जिम्मेदार ठहराकर उस पर हत्या के अपराध में मुकदमा दायर करना चाहिए। अगर वर्तमान नियमों में इसकी व्यवस्था नहीं है तो सरकार को उन नियमों में आवश्यक संशोधन कर लेना चाहिए और मिलावट के इन अपराधियों को कड़ी से कड़ी सजा दिलवानी चाहिए।

भवदीय
राधेश्याम शर्मा

कार्यालयीय पत्र

वे पत्र जिन्हें एक सरकारी पदाधिकारी सरकारी कार्यवश किसी अन्य सरकारी अथवा गैर-सरकारी पदाधिकारी को अथवा व्यापारिक कोठी को लिखता है उन्हें कार्यालयीय पत्र अथवा सरकारी पत्र कहते हैं। इनकी रूपरेखा व्यावसायिक पत्रों से थोड़ा भिन्न है। इसमें ऊपर बायीं ओर 'प्रेषक' शब्द लिखकर उसके नीचे प्रेषक का नाम और पद लिखा जाता है। इसके बाद 'सेवा में' शब्द लिखकर नीचे पत्र पानेवाले का नाम, पद तथा स्थान लिखते हैं। फिर पत्र का क्रमांक (यदि ऊपर नहीं लिखा

गया हो तो) तिथि व स्थान लिखा जाता है। सम्बोधन के लिए 'महोदय' शब्द का प्रयोग किया जाता है। सम्बोधन के बाद सम्बन्धित विषय का संकेत दे दिया जाता है। पत्र का कलेवर अनुच्छेदों में बँटा होता है। स्वनिर्देश में साधारणतया 'भवदीय' शब्द का प्रयोग करते हैं।

कार्यालयीय पत्र-व्यवहार शासन तन्त्र का एक अभिन्न अंग है। पत्र-व्यवहार की यह शाखा अब काफी विकसित हो गयी है। कार्यालयीय पत्र का एक उदाहरण नीचे दिया जाता है–

मुख्य सचिव को जिलाधीश का बाढ़-संबंधी सूचना पत्र

प्रेषक

अरविन्द कुमार, आई. ए. एस.
जिलाधीश
नागपुर।

सेवा में

मुख्य सचिव
महाराष्ट्र सरकार
बम्बई।

क्रमांक 283/9 दिनांक 30 जुलाई, 1990

महोदय,

मुझे आपको सूचित करना है कि मैंने नारखेड़ तहसील में वार्धा नदी के किनारे के बाढ़ग्रस्त क्षेत्रों का निरीक्षण किया। अचानक आयी इस बाढ़ से यहाँ के निवासियों को भारी नुकसान पहुँचा है।

इस बाढ़ ने लगभग 5 हजार जनसंख्यावाले 8 ग्रामों को बिल्कुल नष्ट कर दिया है। सड़कें, कच्चे मकान तथा खेत नष्ट हो गये हैं।

यद्यपि कई स्वयंसेवी संगठन इन असहाय तथा पीड़ित व्यक्तियों की सहायता कर रहे हैं फिर भी स्थिति पूर्ण नियन्त्रण में नहीं है। अतः मैं अभिशंसना करूँगा कि इन पीड़ित व्यक्तियों को उचित तकावी ऋण वितरण किया जाय।

इस ओर यथाशीघ्र आवश्यक कार्यवाही प्रार्थनीय है तथा मुझे आवश्यक निर्देश निर्गमन कीजिए।

भवदीय
अरविन्द कुमार
जिलाधीश, नागपुर

भाग 3 : अनुवाद

एक भाषा की रचना को दूसरी भाषा में रूपान्तरित करने को अनुवाद कहते हैं। भाषाओं के बीच साहित्यिक आदान-प्रदान के लिए तो अनुवाद अनुपेक्षणीय है। साहित्यिक क्षेत्र में ही नहीं, प्रशासनिक, वैज्ञानिक और राजनीतिक आदि क्षेत्रों में भी अनुवाद का महत्त्वपूर्ण स्थान है। अनुवाद करना एक कला है। सबसे सुन्दर अनुवाद वही माना जाएगा, जिसमें मूल रचना का भाव तो आ ही जाय, साथ ही साथ अनुवाद को पढ़ते समय मूल के पढ़ने जैसा आनन्द भी प्राप्त हो।

अनुवाद करते समय कुछ विशेष बातों का ध्यान रखना चाहिए। अनुवाद में मूल शब्दों का अनुवाद भले ही न हो, पर मूल भावों का अनुवाद आवश्यक है। मुहावरों का अनुवाद जहाँ तक हो सके, समानार्थी मुहावरों में करना उचित होगा। शब्द-संयोजन और वाक्य-रचना का क्रम भी मूल वाक्य जैसा ही हो, तो अच्छा होगा। अनुवादक को इस बात का ध्यान रखना चाहिए कि अनुवाद किसी बात की व्याख्या नहीं है। अनुवादक को मूल रचना का अनुवाद मात्र करना चाहिए, उसमें कुछ घटाने-बढ़ाने का अधिकार उसे नहीं होता। एक सफल अनुवादक के लिए स्रोत्र भाषा और लक्ष्य भाषा दोनों का सम्यक् ज्ञान आवश्यक है। सरकारी आदेशों, प्रपत्रों और विधेयकों आदि के अनुवाद में विशेष सावधानी बरतनी चाहिए, नहीं तो अर्थ का अनर्थ हो सकता है।

यहाँ नमूने के तौर पर कुछ अंग्रेजी परिच्छेद और उनके हिन्दी अनुवाद दिये गये हैं और हिन्दी में अनुवाद के अभ्यास के लिए कुछ अंग्रेजी परिच्छेद भी।

अंग्रेजी परिच्छेद और उनके हिन्दी अनुवाद

(1)

Habits of man are formed in his childhood. The plant becomes hatituated of the soil and manure which it gets from the beginning. In the interest of the country's welfare the people of that country should be taught to be industrious, economical and self-sacrificing from the very childhood. Stories of chivalry should be narrated to them so that the plant of bravery may be planted in their impressionable hearts in the young age. Some people are of the opinion that the children should be given full freedom, but I am not in favour of such freedom which distracts from the right path. Children of today are the citizens of tomorrow. On them depends the future of the country. They should be led to the right path from the very beginning. Otherwise, if things go wrong, we shall have nothing but tears of repentance.

हिन्दी अनुवाद

मनुष्य की आदतें बचपन में ही बनार्यी जाती हैं। किसी पौधे को जैसी खाद और मिट्टी शुरू में दी जाती है, वह उसी का आदी हो जाता है। देश का भला इसी में है कि लोग बचपन ही से मेहनती बनाये जाएँ और उन्हें कमखर्ची और कुर्बानी के सबक सिखाए जाएँ। उन्हें वीरता के किस्से सुनाए जाएँ, जिससे छोटी उम्र में उनके कोमल हृदय में वीरता का पौधा उगने लगे। कुछ लोगों का मत है कि बच्चों को पूरी आज़ादी देनी चाहिए, किन्तु हम ऐसी आज़ादी के पक्ष में नहीं हैं, जिससे बच्चे पथ भ्रष्ट हो जाएँ। आज के बालक ही कल के नागरिक होते हैं। उन्हीं पर देश का भविष्य निर्भर होता है। अतः उनको प्रारम्भ से ही सीधी राह पर चलाना चाहिए अन्यथा बात बिगड़ जाने पर पश्चात्ताप के आँसू ही हाथ लगेंगे।

(2)

The Taj Mahal is a very famous building. It is one of the wonders of the world. It is situated at Agra on the right bank of the Yamuna. It was built by Shah Jahan. He built in it the memory of his dear wife Mumtaz Mahal. People come from far and wide to see this historical building. It is very pleasant to see it in the rainy season when the scenery on all sides is very beautiful. Hundreds of years have passed but its beauty is the same, as it was, when it was built.

हिन्दी अनुवाद

ताजमहल एक अत्यन्त प्रसिद्ध भवन है। यह संसार के आश्चर्यों में से एक है। यह आगरा में यमुना के दक्षिणी तट पर स्थित है। इसका निर्माण शाहजहाँ ने कराया था। उन्होंने इसे अपनी प्रिय पत्नी मुमताज महल की स्मृति में बनवाया था। इस ऐतिहासिक भवन को देखने के लिए दूर-दूर से लोग आते हैं। वर्षा ऋतु में जब सभी ओर के दृश्य अतीव सुन्दर होते हैं तब इसे देखना अत्यन्त आनन्दप्रद होता

है। सैंकड़ों वर्ष व्यतीत हो चुके हैं, किन्तु इसका सौन्दर्य वैसा ही है जैसा कि उस समय था जब इसका निर्माण हुआ था।

(3)

Mahatma Buddha was born 2500 years ago. He was a great preacher of non-violence. He said that it is our duty to be kind to all. One day he saw an old man. Then he saw a dead man. At this he was pained at heart. He left his house and went to jungles to do penance. He remained there for six years and at last one day he got what he wanted. From that day, he was called 'Buddha'. He also preached a new religion called 'Buddhism'.

हिन्दी अनुवाद

महात्मा बुद्ध का जन्म 2500 वर्ष पूर्व हुआ था। वे अहिंसा के महान प्रचारक थे। उनका कहना था कि सबके प्रति दयालु रहना हमारा कर्त्तव्य है। एक दिन उन्होंने एक वृद्ध मनुष्य को देखा। तत्पश्चात् उन्होंने एक मृत व्यक्ति को देखा। इस पर उन्हें हार्दिक वेदना हुई। उन्होंने अपना गृह त्याग दिया और तपस्या के लिए वनों में चले गये। वे वहाँ छः वर्ष तक रहे और अन्त में एक दिन उन्हें अपनी इच्छित वस्तु प्राप्त हो गयी। उस दिन से वे बुद्ध कहलाये। उन्होंने 'बौद्ध धर्म' नामक एक नये धर्म का प्रचार भी किया।

(4)

Today is new year's day. The year which was till yesterday has gone away for ever. It will never come back now. The current of time is incessant and everlasting. The previous year has gone. The new year has started now. But the joint in the middle is not visible. The flow of time is just like the current of river. The river flows and vanishes in the endless ocean, even then it goes on flowing. The previous year has ended and vanished in the infinite time. Day, night, fortnight, month and year are the measures. They are to measure the eternal time. Day and night can be sort or long, but the thing to be measured is neither short nor long. The time is infinite and everlasting.

हिन्दी अनुवाद

साल का पहला दिन है। जो वर्ष कल तक था वह सदा के लिए चला गया है। अब

यह वापस नहीं आएगा। काल अनन्त है। समय का प्रवाह अजस्र है, निरन्तर है। पिछला साल बीत गया। अब नया साल चालू हुआ। लेकिन बीच में जोड़ दिखाई नहीं पड़ता है। जलधारा की तरह ही समय की धारा है। नदी बहकर अनन्त समुद्र में विलीन होती है, फिर भी बहती रहती है। साल समाप्त होकर अनन्त काल में विलीन हो गया और नया साल शुरू हो गया। दिन, रात, पक्ष, मास और साल तो माप हैं। समय के नापने के पैमाने हैं। दिन और रात छोटे-बड़े हो सकते हैं अर्थात् माप छोटा-बड़ा हो सकता है लेकिन मापी जाने वाली चीज़ तो छोटी-बड़ी नहीं होती है। समय अनन्त है, अक्षय है।

हिन्दी में अनुवाद कीजिए–

(1)

The Indian potter often works put of doors under a tree. He wears no clothes but a loin cloth. His wheel is fixed in a little pit. He sits on the edge of this with the upper wheel like a round table in front of him. He turns the lower wheel with his feet, and this makes the upper wheel go round. He places a lump of moist clay on the upper wheel. Then he sets the wheel turning and shapes the clay as it goes round, with his hand. The clay rises up like a living thing under the pressure of his hands. He stops the wheel, and there is a bowl, jug or flower-pot. He then passes a peice of string under its base and lights it of the wheel. He puts it down on the ground in the sun to dry. Afterwards it will go into the fire to be hardened.
(potter–कुम्भकार, loincloth–लँगोटी, wheel–चाक, lump–पिण्ड, moist clay–गीली मिट्टी, bowl–प्याला, jug–सुराही, flower-pot–फूलदान, harden–मजबूत करना, पक्का करना।)

(2)

Trevelling is an essential part of education. Through the books we read we get only theoritical knowledge, but practical knowledge is obtained only by travelling. We come to know of different people with different manners and customs. We can see their mode of living and dress. We can hear their different languages. Travelling develops our knowledge and outlook. We can improve ourselves by adopting the good methods followed by various nations. It really helps the advancement of civilization. All people **cannot un-**dertake journeys but they can learn about the unknown places from books written by travellers. It the travellers had not described their journeys and given an account of the new places they visited, we would not have known such useful information.

(theoritical–सैद्धान्तिक, practical–व्यावहारिक, knowledge–ज्ञान, manners and customs–आचार-विचार, रीति-रिवाज, outlook–दृष्टिकोण, adopt–अनुकरण करना, give an account of–विवरण देना, information–सूचना)

(3)

In India industrialisation is necessary along with the development of agriculture. In the first place, such things are producted by agriculture which do not prove useful unless their shape is changed. Now-a-days these things are sent to foreign countries and their shape is changed there, by which the workers of those countries are benefited. Those who are engaged in agriculture do not work throughout the year. They have practically no work for at least four months in a year. Secondly, the necessities of men are increasing. To fulfil this we may have to depend on other countries or produce them in our country, so that money remains here itself. Thirdly, the national income is very low. So industrialisation is absolutely necessary to remove poverty in our country.

(industrialisation–औद्योगीकरण, development–विकास, prove–साबित, प्रामाणित होना, useful–उपयोगी, shape–रूप, practically–व्यावहारिक रूप से, necessities–आवश्यकताएँ, income–आय)

(4)

One of my earliest recollections is of this temper, for I was the victim of it. I must have been about five or six then. I noticed one day two fountain-pens on his office table and I locked at them with greed. I argued with myself that father could not require both at the same time and so I helped myself to one of them. Later I found that a mighty search was being made for the lost pen and I grew frightened at what I had done, but I did not confess. The pen was discovered and my guilt proclaimed to the world. Father was very angry and he gave me a tremendous thrashing. Almost blind with pain and mortification at my disqrace I rushed to mother and for several days various creams and ointments were applied to my aching and quivering little body.

(recollection–स्मृति, temper–मिजाज़, स्वभाव victim–शिकार, greed–लालच help oneself to–स्वयं ले जाना, mighty search–जबर्दस्त खोज grew frightened–घबरा गया, confess–अपराध स्वीकार करना guilt–अपराध, जुर्म, proclaim–घोषणा करना thrashing–मार, तमाचा mortification–अवमान, सन्ताप disgrace–बदनामी, aching–दर्दीला)

(5)

Soon after our first arrest in December 1921 the police started paying frequent visits to Anand Bhavan, our house in Allahabad. They came to realise the fines which had been imposed on father and me.It was the congress policy not to pay fines. So the police came day after day and attached the carried away bits of furniture. Indira, my four year old daughter, was greatly annoyed at this continuous process of despoilation and protested to the police and expressed her strong displeasure. I am afraid those early impressions are likely to colour her future views about the police force generally.

(arrest–गिरफ्तारी, pay frequent visit–नित्य आना-जाना, realise to fine–जुर्माना वसूल करना policy–नीति, attach–जब्त करना furniture–फर्नीचर, to get annoyed–झुँझलाना dispoilation–लूट, early impressions–प्रारम्भिक धारणाएँ)

(6)

Gandhiji had gone to London as the sole representative of the Congress to the Round Table Conference. We had decided, after long debate not to have additional representatives. Partly this was due to our desire to have our best men in India at a very critical time, when the most tactful handling of the situation was necessary. We felt that inspite of the R.T.C. meeting in London, the centre of gravity lay in India, and developments in India would inevitably have their reactions in London. We wanted to check untoward developments, and to keep our organisation in proper condition. This was, however, not the real reason for our sending only one representative.

(round table conference–गोल मेज सम्मेलन, debate–बहस critical time–नाजुक समय tactful–चतुर, handling–निपटारा centre of gravity–गुरुत्व केन्द्र, developments–घटनाक्रम inevitably–अनिवार्य रूप से, untoward–अननुकूल)

भाग 4 : निबन्ध

'निबन्ध' शब्द का अर्थ है—ऐसा लेख जिसमें विविध विचारों, मतों तथा व्याख्यानों का ग्रन्थन अथवा बन्धन हो। हिन्दी का निबन्ध अंग्रेजी के 'ऐसे' (Essay) का पर्यायवाची है। 'ऐसे' एक प्रयत्नशील रचना होती है, जिसमें लेखक अपने व्यक्तिगत दृष्टिकोण से किसी वस्तु, विषय या व्यापार के चित्रण का प्रयास करता है। निबन्ध में लेखक के व्यक्तित्व की अभिव्यक्ति, स्वानुभूति और मौलिक चिन्तन होना चाहिए। उसमें रमणीयता, सरसता और विचारों की सुसम्बद्धता भी आवश्यक है। उसका आकार छोटा होता है जिसमें जीवन या समाज के किसी एक पक्ष की विवेचना होती है।

निबन्ध के प्रकार—किसी भी विषय पर निबन्ध लिखा जा सकता है। पशु-पक्षी, कीड़े-मकोड़े, चाँद-सितारे, वन-उपवन, हँसी-खुशी, वैर-विरोध सभी कुछ निबन्ध के लिए उपयुक्त विषय बन सकते हैं। विषयों के इस वैविध्य के साथ-साथ निबन्ध-लेखन की शैली में भी भिन्नता है। शैली-भेद के आधार पर निबन्धों को मुख्यतः चार वर्गों में विभाजित किया जा सकता है—

1. **वर्णनात्मक निबन्ध**—किसी स्थान, दृश्य अथवा वस्तु की हार्दिक अनुभूति और कल्पना के द्वारा सरस, रमणीय वर्णन ही वर्णनात्मक निबन्ध कहलाता है।
2. **विवरणात्मक निबन्ध**—किसी घटना या वृत्तान्त का सरस वर्णन करना विवरणात्मक निबन्ध है जैसे किसी यात्रा का विवरण। ऐसे निबन्धों में घटना-क्रम पर पर्याप्त ध्यान देना जरूरी है। जो घटनाएँ पहले घटित हुई हों उन्हें पहले लिखना चाहिए और जो अन्त में हुई हों उन्हें अन्त में लिखना चाहिए।
3. **विचारात्मक निबन्ध**—इस कोटि के निबन्धों में विवरण या वर्णन नहीं रहता बल्कि किसी विषय पर बौद्धिक विवेचन रहता है। इनके विषय प्रायः दार्शनिक, आध्यात्मिक अथवा मनोवैज्ञानिक होते हैं। इनमें लेखक अपने मौलिक विचारों को तर्कयुक्त ढंग से प्रस्तुत करता है।
4. **भावात्मक निबन्ध**—इन निबन्धों का सम्बन्ध हृदय से होता है। इनमें लेखक हृदय के राग-तत्त्व को तीव्र अनुभूति और भावुकता के साथ मार्मिक और सरस शैली में प्रस्तुत करता है।

निबन्ध के अंग

निबन्ध के तीन मुख्य अंग हैं–

1. **प्रस्तावना अथवा भूमिका**–यह निबन्ध का आरम्भिक भाग है। इसके माध्यम से पाठक निबन्ध के विषय में प्रवेश करता है। इसे इतना आकर्षक होना चाहिए कि इसे पढ़ते ही पाठक में आगे पढ़ने की उत्सुकता पैदा हो जाए। विभिन्न प्रकार से निबन्ध का आरम्भ किया जा सकता है। जैसे, विषय की परिभाषा देते हुए या किसी महान व्यक्ति के कथन का उद्धरण देते हुए अथवा किसी नाटकीय प्रसंग की चर्चा करते हुए निबन्ध प्रारम्भ किया जा सकता है।
2. **मध्य भाग अथवा शरीर**–यह निबन्ध का सबसे महत्त्वपूर्ण भाग है। विषय का विस्तृत प्रतिपादन इसी भाग में होता है। लेखक को अपने विचारों का विश्लेषणात्मक रीति से पल्लवन करना चाहिए तथा उन्हें अनुच्छेदों में विभाजित कर लेना चाहिए। प्रत्येक सम्बद्ध विचार को पृथक्-पृथक् अनुच्छेदों में लिखना अच्छा होगा।
3. **उपसंहार**–यह निबन्ध का अन्तिम भाग है। एक अच्छे निबन्ध का उपसंहार प्रभावशाली होगा। उसमें कोई न्यायसंगत निष्कर्ष उपस्थित किया जाना चाहिए। सम्पूर्ण निबन्ध को पढ़ने के उपरान्त पाठक को ऐसा प्रतीत होना चाहिए कि विषय के सम्बन्ध में जो कुछ कहा जा सकता था वह सब कुछ कह दिया गया है।

निबन्ध-लेखन सम्बन्धी कुछ आवश्यक बातें

निबन्ध-लेखन की कला में सफलता प्राप्त करने के लिए आवश्यक है कि लेखक विषय का सम्यक् ज्ञान प्राप्त करे। इसके लिए उसी विषय पर लिखी गयी अन्य रचनाओं का अध्ययन अपेक्षित है। खुद के मनन और चिन्तन तथा दूसरे विद्वान लेखकों से किये गये परामर्श के द्वारा लेखक विषय-सम्बन्धी अपनी जानकारी बढ़ा सकता है।

निबन्ध-लेखक के लिए दूसरी आवश्यक बात है निबन्ध की रूपरेखा तैयार करना। इसकी सहायता से निबन्ध में स्पष्टता और संक्षिप्तता आ जाएगी।

निबन्ध-लेखक को भाषा-शैली पर भी विशेष ध्यान देना चाहिए। एक अच्छे निबन्ध में शुद्ध, स्पष्ट तथा सुबोध भाषा का प्रयोग करना चाहिए। यथास्थान मुहावरों और लोकोक्तियों का प्रयोग करके भाषा को सशक्त और सुन्दर बनाया जा सकता है। लेकिन उनके प्रयोग में कहीं भी कृत्रिमता का आभास नहीं होना चाहिए।

नमूने के तौर पर आगे कुछ निबन्ध दिये गये हैं।

1. स्वतन्त्रता-दिवस

भारत में राष्ट्रीय महत्त्व के तीन पर्व—स्वतन्त्रता दिवस, गणतन्त्र दिवस और गाँधी जयन्ती मनाये जाते हैं। इनमें स्वतन्त्रता-दिवस हर वर्ष 15 अगस्त के दिन मनाया जाता है, क्योंकि सन् 1947 के अगस्त महीने के इसी दिन हमारा देश सदियों की गुलामी से आज़ाद हुआ था। हमें अपनी स्वतन्त्रता के महत्त्व की याद दिलाने के लिए प्रतिवर्ष 15 अगस्त को स्वतन्त्रता-दिवस बड़े उत्साहपूर्ण समारोह से मनाया जाता है।

हमारे स्वतन्त्रता-संग्राम का इतिहास लम्बा है। अंग्रेज जो पहले यहाँ व्यापारी बनकर आये, बाद में यहाँ के शासक बन गये। यहाँ के शासक राजा-महाराजाओं को एक-दूसरे के विरुद्ध खड़ा करके अन्त में उन सब पर आधिपत्य जमाने में उन्हें अपूर्व सफलता मिली। अंग्रेजों का विरोध करने का अकेला-दुकेला प्रयास कभी-कभी इन राजाओं ने किया, किन्तु संगठित प्रयास के अभाव में अंग्रेजों को परास्त करना असम्भव-सा हो गया। अंग्रेजी हुकूमत के विरुद्ध भारतीयों का पहला संगठित प्रयास सन् 1857 में झाँसी की रानी लक्ष्मीबाई के नेतृत्व में हुआ, किन्तु वह असफल रहा। इस विद्रोह की आग को निर्दयतापूर्वक कुचल दिया गया। उसके बाद लम्बे समय तक भारतवासी अपनी स्वतन्त्रता की ललक को दिल में सँजोये रहे।

सन् 1985 में इण्डियन नेशनल कांग्रेस की स्थापना के साथ भारतवासियों की राष्ट्रीय चेतना को मूर्त रूप मिलने लगा। यह ठीक है कि कांग्रेस के शुरू-शुरू के नेताओं ने पूर्ण स्वतन्त्रता की बात नहीं थी और न ही यह बात उनके दिमाग में उठी थी, लेकिन भारतीय जनता का हाल सुधारने के सम्बन्ध में कांग्रेस ने प्रस्ताव रूप में जो माँगें प्रस्तुत कीं, उनसे स्वतन्त्रता-संग्राम का एक प्रकार से बीजारोपण हुआ था। तिलक और गोखले के नेतृत्व ने कांग्रेस को एक नयी स्फूर्ति दी और स्वराज्य की भावना धीरे-धीरे तूल पकड़ने लगी। तिलक की इस घोषणा से कि 'स्वराज्य मेरा जन्मसिद्ध अधिकार है', लोगों में उत्साह की लहर दौड़ गयी। एक स्वतन्त्र भारत की वे कल्पना करने लगे। जबसे गाँधीजी ने कांग्रेस का नेतृत्व सँभाल लिया, देश की राजनीतिक स्थिति में आमूल परिवर्तन हो गया। दक्षिण अफ्रीका में सत्याग्रह के जिस हथियार का उन्होंने सफलतापूर्वक प्रयोग किया था, उसका भारत में साम्राज्यशाही के विरुद्ध व्यापक प्रयोग होने लगा। असहयोग आन्दोलन छिड़ गया। जवाहरलाल नेहरु, सुभाष चन्द्र बोस जैसे नेताओं ने देश के युवावर्ग को नयी प्रेरणा दी। जवाहरलालजी के नेतृत्व में सन् 1929 की लाहौर कांग्रेस ने पूर्ण स्वराज का प्रस्ताव पारित करके स्वतन्त्रता संग्राम का एक नया मोर्चा खोल दिया। उसके बाद आन्दोलनों के जिस दौर से भारत को गुजरना पड़ा, वह अब इतिहास का भाग बन गया है। इस संग्राम में भगतसिंह, राजगुरु, चन्द्रशेखर आज़ाद, गणेश शंकर विद्यार्थी

जैसे कितने ही देशप्रेमी नौजवान शहीद हो गये। आखिर 15 अगस्त, सन् 1947 के दिन भारत स्वतंत्र हुआ।

हर साल 15 अगस्त के दिन देश के हर शहर और गाँव में यह पर्व बड़े उत्साह के साथ मनाया जाता है, किन्तु राजधानी दिल्ली में इसकी शान निराली होती है। इस दिन लाखों लोग लाल किले के सम्मुख मैदान में एकत्र होते हैं। लगभग आठ बजे प्रधानमन्त्री द्वारा लाल किले पर राष्ट्रध्वज फहराया जाता है। वे राष्ट्र के नाम अपना सन्देश देते हैं। अपने भाषण में देशप्रेम और राष्ट्रीय एकता की भावना का संचार करते हुए जनता को उसके कर्त्तव्यों के प्रति जागरूक करते हैं।

15 अगस्त का दिन प्रत्येक भारतवासी के लिए महत्त्वपूर्ण दिन है। यही वह दिन है जब हम स्वतन्त्रता के लिए प्राणों की आहुति देनेवाले वीरों की पुण्य-स्मृति से अभिभूत हो उठते हैं। देश की अखण्डता के लिए जो खतरा पैदा हो गया है, उसका सामना करने की हमें प्रतिज्ञा करनी है। जनता की खुशहाली के सपनों को साकार करने का दृढ़ संकल्प भी हमें लेना है।

2. विद्यार्थी-जीवन

विद्यार्थी जीवन का मानव जीवन में विशेष महत्त्व है। विद्यार्थी शब्द का अर्थ होता है विद्या चाहनेवाला। इस व्यापक अर्थ में विद्या चाहनेवाला कोई भी व्यक्ति विद्यार्थी कहलाएगा, किन्तु किसी शिक्षा संस्था में नियमित रूप से शिक्षा पानेवाले बच्चों और युवा पीढ़ी के लोगों के लिए यह शब्द रूढ़ हो गया है। विद्यार्थी-जीवन मानव-जीवन की नींव है। जिस प्रकार दृढ़ भवन के लिए नींव भी मजबूत होनी चाहिए उसी प्रकार मानव जीवन को सफल बनाने के लिए विद्यार्थी जीवन में श्रम और साधना की आवश्यकता होती है। विद्यार्थी- काल में प्राप्त की गयी शिक्षा जीवन पर्यन्त काम आती है। इस काल में मनुष्य जो संस्कार ग्रहण करता है, जीवन भर वे उसका साथ देते रहते हैं।

प्राचीन काल में मानव-जीवन को चार आश्रमों में विभाजित किया गया था–ब्रह्मचर्य, गृहस्थ, वानप्रस्थ और संयास। ब्रह्मचर्य अवस्था में विद्यार्थी नगर के कोलाहलपूर्ण वातावरण से दूर शान्त वातावरण में गुरु के आश्रम अथवा गुरुकुल में विद्यार्जन करता था। निष्ठा और परिश्रम के साथ वह जीवन के ऊँचे आदर्शों को ग्रहण कर लेता था। गुरुकुल में शिक्षा-प्राप्त विद्यार्थी देश का सुनागरिक बन जाता था, किन्तु आज की बदली हुई परिस्थितियों में गुरुकुल शिक्षा को पुनर्जीवित करना सम्भव नहीं है। फिर भी शिक्षा के ऊँचे आदर्शों के सम्बन्ध में विद्यार्थी को अवगत कराना आवश्यक हो गया है।

आजकल चारों ओर से शिकायतें आने लगी हैं कि विद्यार्थियों में अनुशासनहीनता बढ़ गयी है और वे गलत रास्ते पर चलने लगे हैं। विद्यार्थियों की हड़ताल एक

सामान्य बात हो गयी है। तोड़फोड़ और दंगों में विद्यार्थी भी भाग लेते देखे गये हैं। हमें सोचना चाहिए कि आखिर यह सब क्यों हो रहा है। इन बुराइयों के लिए केवल विद्यार्थियों को ही दोष देना कहाँ तक उचित होगा? हमें यह भूलना नहीं चाहिए कि विद्यार्थी-वर्ग भी समाज का ही एक अंग है और समाज में फैलती बुराइयों का असर थोड़ा-बहुत उन पर भी पड़ना स्वाभाविक है। फिर भी विद्यार्थियों में बचपन से ही श्रेष्ठ जीवन-मूल्यों के प्रति आस्था पैदा करके उन्हें सही रास्ते पर लाया जा सकता है। विद्यार्थियों को उपदेश देने मात्र से काम नहीं चलेगा। उनमें अपने भविष्य के प्रति आत्मविश्वास जगाना चाहिए। आज के विद्यार्थी के सामने सबसे बड़ी चुनौती है शिक्षा प्राप्ति के बाद बेरोजगार रहने की आशंका। इस आशंका के दूर हो जाने पर विद्यार्थियों में फैला असन्तोष काफी मात्रा तक दूर हो जाएगा।

विद्यार्थी को यह नहीं भूलना चाहिए कि शिक्षा का उद्देश्य केवल नौकरियाँ प्राप्त करना नहीं है। शिक्षा का असली उद्देश्य है जीवन में शारीरिक, बौद्धिक एवं आत्मिक विकास करना। शारीरिक विकास के लिए विद्यार्थी को अपनी स्वास्थ्य-रक्षा पर ध्यान देना चाहिए। यदि शरीर स्वस्थ होगा तो मस्तिष्क भी स्वस्थ होगा। विद्यार्थी के बौद्धिक विकास में शिक्षा का महत्त्वपूर्ण योगदान है। शिक्षा का अर्थ केवल पुस्तकीय ज्ञान नहीं है। विद्यार्थी में सामाजिकता और व्यवहार-कुशलता भी अपेक्षित है। इसके लिए विद्यार्थी को पाठ्येत्तर कार्यक्रमों में उत्साहपूर्वक भाग लेना चाहिए। आत्मिक विकास विद्यार्थी में सद्‌गुणों के माध्यम से सम्भव होता है। स्नेह, सहानुभूति, शिष्टाचार आदि गुण अर्जित करने का उसे प्रयत्न करना चाहिए।

सामान्यतः देखा गया है कि विद्यार्थी वर्ग समाज के अन्य वर्गों की अपेक्षा आदर्शों से अधिक प्रभावित रहता है। यही कारण है कि दुनिया की बड़ी-बड़ी क्रान्तियों में विद्यार्थियों ने महत्त्वपूर्ण भूमिका निभायी है। बड़े-बड़े तानाशाह भी विद्यार्थियों की सामूहिक शक्ति के आगे सर झुकाये देखे गये हैं। हाँ, यह आवश्यक है कि विद्यार्थियों के उत्साह और ऊर्जा को सही दिशा में निर्देशित किया जाए। सारे समाज का इससे कल्याण हो सकता है।

3. एक पर्व–दीपावली

मनुष्य के सामाजिक जीवन में पर्वों का विशिष्ट स्थान है। भारत जैसे विशाल देश में अनेक पर्वों का होना स्वाभाविक है। भिन्न-भिन्न जातियों और धर्मों के लोग अपने-अपने विशिष्ट पर्व मनाते हैं। दीपावली उल्लास का ऐसा प्रकाश पर्व है, जो सम्पूर्ण भारत में उत्साहपूर्वक मनाया जाता है। पहले इसे हिन्दू जाति के वैश्य वर्ग के साथ सम्बन्धित माना जाता था, किन्तु दीपावली के वर्तमान रूप ने जातिगत सीमाओं को लाँघकर राष्ट्रीय पर्व का विस्तृत स्वरूप ग्रहण कर लिया है। दीपावली

या दीवाली समृद्धि और वैभव का सूचक है। इस दिन दीपों की अवली (पंक्ति) से घर जगमगाने लगते हैं, इसलिए इस आलोक-पर्व को दीपावली या दीपमालिका कहते हैं। दीपक जलाना वैसे भी शुभ कार्य का प्रतीक है और जिस घर में असंख्य दीपक जलाये जाते हैं, उसका महत्त्व स्वतः स्पष्ट है।

दीपावली का पर्व कार्तिक मास के कृष्ण पक्ष की अमावस्या को मनाया जाता है। यह अज्ञान रूपी अन्धकार पर ज्ञान रूपी प्रकाश की विजय का प्रतीक है। इसके अलावा इस दिन का पौराणिक व ऐतिहासिक महत्त्व भी है। भगवान राम वनवास की चौदह वर्ष की अवधि पूर्ण करके तथा लंकाधिपति रावण का वध करके भाई लक्ष्मण और पत्नी सीता के साथ अयोध्या लौटकर आये थे। उनके पुनरागमन की खुशी में अयोध्या के नागरिकों ने दीप जलाकर अपने हर्ष व उल्लास को प्रकट किया था। दीपावली से एक दिन पूर्व चतुर्दशी के दिन भगवान श्रीकृष्ण ने नरकासुर का वध करके सोलह हजार राजकुमारियों को उसकी कैद से मुक्त कराया था। उसी की खुशी में अगले दिन दीपमाला जलायी गयी। दीपावली के दिन ही महाराज युधिष्ठिर का राजसूय यज्ञ समाप्त हुआ था। जैन धर्म के चौबीसवें तीर्थंकर महावीर स्वामी का निर्वाण भी इसी दिन हुआ था। स्वामी शंकराचार्य के पार्थिव शरीर को इसी दिन अग्नि को समर्पित किया गया था। सिक्खों के छठे गुरु श्री. हरगोविन्द सिंह इसी दिन मुगलों की कैद से मुक्त हुए थे। दीपावली के दिन ही गुरु अर्जुन देव ने अमृतसर की स्थापना की थी। स्वामी रामतीर्थ ने अपनी नश्वर देह का त्याग इसी दिन किया था और आर्य समाज की स्थापना करने वाले स्वामी दयानन्द सरस्वती ने इसी दिन निर्वाण प्राप्त किया था। इन महापुरुषों की स्मृति से जुड़े रहने के कारण इस पुण्य पर्व की महिमा बढ़ गयी है।

दीपावली वास्तव में एक पर्वमाला है। त्रयोदशी से इसका आरम्भ होता है जिसे धनतेरस भी कहते हैं। इस दिन लोग नये बर्तन खरीदकर घर लाते हैं। अगले दिन चतुर्दशी को भगवान कृष्ण द्वारा नरकासुर का वध किया गया था। तीसरे दिन अमावस्या को दीवाली का मुख्य पर्व मनाया जाता है। इस दिन लीप-पोतकर घरों की सफाई की जाती है, लक्ष्मीपूजन किया जाता है और खील-बताशे और मिष्ठान्न बाँटे जाते हैं। कार्तिक शुक्ल प्रतिपदा को गोवर्द्धन पूजा के दिन गोधन की पूजा की जाती है। इसी दिन श्रीकृष्ण ने इन्द्रकोप से ब्रजवासियों की रक्षा की थी। अन्तिम दिन यमद्वितीया के नाम से जाना जाता है जिसे भैयादूज भी कहते हैं। इस दिन बहनें अपने भाइयों की शुभकामना करती हैं, और उन्हें तिलक लगाती हैं तथा भाई उन्हें भेंट देते हैं।

वर्षा ऋतु के समाप्त होने पर दीपावली का पर्व मनाया जाता है। वर्षा के कारण उत्पन्न होनेवाले कीट-कीटाणु और गन्दगी को नष्ट करने के लिए घरों की

लिपाई-पुताई होती है। घरों और बाजारों को सजाया जाता है। सरसों के तेल के दीये जलाये जाते हैं जिनके धुएँ से मच्छर मरते हैं। कुछ लोग शरद ऋतु के आगमन के साथ ही नये वर्ष का प्रारम्भ मनाते हैं।

खेद की बात है कि कुछ लोग जुआ खेलकर और शराब पीकर इस पावन पर्व के गौरव को कलुषित करते हैं। अधिक दुख तो तब होता है, जब शिक्षित व्यक्ति भी इन अनुचित कार्यों में संलग्न पाये जाते हैं। आवश्यकता इस बात की है कि इस प्रकार के दूषित क्रियाकलाप को तिलांजलि देकर आशा और उल्लास भरा यह ज्योतिपर्व उत्साहपूर्वक मनाएँ और उसकी भावना को समुचित सम्मान दें।

4. जनसंख्या वृद्धि की समस्या

जनसंख्या वृद्धि ही वह समस्या है, जिसे हम सभी समस्याओं की जननी कह सकते हैं। वह समस्या इसलिए है कि धरती पर मानव के जीवन-सन्धारण के लिए आवश्यक साधन तो सीमित हैं और इन साधनों का उपभोग करने वाले लोगों की संख्या निरन्तर बढ़ती चली जा रही है। वैसे तो सारी दुनिया के लिए जनसंख्या वृद्धि समस्या बनी हुई है, किन्तु अविकसित और अर्द्धविकसित राष्ट्रों के लिए तो यह समस्या और भी विकराल रूप धारण किये हुए है।

एक गणना के अनुसार विश्व में प्रत्येक 30 सेकेंण्ड में 127 बच्चे जन्म लेते हैं तथा इसी आधे मिनट में 50 व्यक्तियों की मृत्यु हो जाती है। अतः प्रत्येक आधे मिनट में 77 व्यक्तियों की बढ़ोतरी हो जाती है। बढोतरी की इसी दर से विश्व की जनसंख्या 1 जुलाई, 1985 को चार अरब 84 करोड़ 50 लाख आँकी गयी थी। भारत की वर्तमान जनसंख्या एक अरब बीस करोड़ के लगभग है। सारी दुनिया में जनसंख्या की दृष्टि से भारत दूसरे नम्बर पर है और चीन पहले नम्बर पर। यदि हमारे देश में जनसंख्या वृद्धि का यही क्रम रहा तो कुछ ही वर्षों में हम पहले नम्बर पर आ जाएँगे। प्रतिवर्ष हमारे देश की जनसंख्या में 1.5 करोड़ व्यक्ति और जुड़ जाते हैं। इस तरह शताब्दी के अन्त में भारत की जनसंख्या लगभग 100 करोड़ तक पहुँच जाएगी। यानी 21वीं शताब्दी के प्रथम दशक के पश्चात् हमें प्राप्त आज की समस्त सुविधाएँ दुगुनी तादाद में उपलब्ध करानी होंगी। इसलिए सम्भावित जनसंख्या विस्फोट से निपटने के लिए यह जरूरी है कि 1991 की जनगणना के माध्यम से देश की जनता की संख्या और सामाजिक-आर्थिक दशा की तस्वीर से अवगत हुआ जाए।

जनसंख्या वृद्धि के कई कारण हो सकते हैं, किन्तु मुख्य कारण है—शिक्षा का अभाव या कमी। प्रायः देखा गया है कि जहाँ शिक्षा का खूब प्रचार है, वहाँ जनसंख्या में वृद्धि या तो होती नहीं या बहुत कम ही होती है। उदाहरण के लिए सारे भारत में साक्षरता और शिक्षा की दृष्टि से केरल का सबसे ऊँचा स्थान है और जनसंख्या-वृद्धि

की दर वहाँ सबसे कम है। शिक्षित व्यक्ति परिवार-नियोजन के सन्देश को स्वयं ही स्वीकार कर लेते हैं।

लोगों के आचार-विचार और रीति-रिवाज का भी जनसंख्या-वृद्धि से सीधा सम्बन्ध है। हमारे यहाँ पीढ़ी-दर-पीढ़ी यह विश्वास कायम रहता है कि सन्तान ईश्वर की देन है, अतः सन्तानोत्पत्ति को रोकने का कोई भी प्रयास ईश्वरीय विधान के विरुद्ध होगा। लोगों का यह भी विश्वास है कि संसार में जन्म लेनेवाले हर बच्चे की देखभाल ईश्वर करेंगे, अतः जनसंख्या वृद्धि को लेकर मनुष्य को चिन्तित नहीं होना चाहिए। ईश्वरीय न्याय और विधान पर विश्वास तो ठीक है, लेकिन मनुष्य को अपने कर्त्तव्यों से मुँह मोड़ने के लिए इस विश्वास को बहाना नहीं बनाना चाहिए। ईश्वरीय न्याय पर विश्वास बनाये रखते हुए भी मनुष्य को यह जान लेना चाहिए कि वह स्वयं अपने भाग्य का निर्माता है।

जनसंख्या की समस्या को हल करने के लिए सभी उपायों का हमें प्रयोग करना चाहिए। इस दिशा में पहला कदम है शिक्षा का अधिकाधिक प्रचार किया जाना। विवाह की अवस्था बढ़ा दिया जाना, सामाजिक सुरक्षा का भार सरकार द्वारा अपने ऊपर ले लेना, धार्मिक और सामाजिक रीति-रिवाज़ों में तथा लोगों के दृष्टिकोण में परिवर्तन लाना, कृषि तथा औद्योगिक उत्पादन में सुधार किया जाना आदि कुछ ऐसी बातें हैं जिनकी मदद से जनसंख्या को सीमा में रखा जा सकता है। चीन जैसे राष्ट्रों ने जनसंख्या को सीमित रखने के लिए जो उपाय किये हैं, उनसे भी हमें सबक लेना चाहिए।

5. बेरोज़गारी की समस्या

आज हमारे देश को जिन प्रमुख समस्याओं का सामना करना पड़ रहा है उनमें से एक है–बेरोज़गारी की समस्या। यदि समय रहते इसे हल नहीं किया गया तो हमारी सारी समाज-व्यवस्था और अर्थव्यवस्था गड़बड़ा सकती है। स्वतन्त्रता प्राप्ति के लगभग आधी सदी बाद भी हम अपने नागरिकों को उनके योग्य रोज़गार न दे पाये, यह सचमुच लज्जा की बात है। आज भी हमारी जनसंख्या का बहुत बड़ा अंश गरीबी-रेखा के नीचे जीवन जी रहा है। इसका मुख्य कारण है बेरोजगारी और उचित काम का न मिलना।

इस देश में बेरोज़गारी के अनेक रूप हैं–पहले वर्ग में हम उन्हें ले सकते हैं जो किसी तरह का रोज़गार न होने के कारण एक पैसा भी नहीं कमाते और अनेक निकट या दूर के सम्बन्धियों पर आश्रित हैं। दूसरे वर्ग में वे लोग आते हैं जो किसी न किसी तरह काम पर लगे हुए हैं, परन्तु इतना कम पाते हैं कि अपनी जरूरतें पूरी नहीं कर पाते। तीसरे वर्ग के बेरोज़गार वे हैं, जिन्हें हम शिक्षित बेरोजगार कह सकते हैं।

पहले वर्ग के बेरोज़गार अधिकतर किसान होते हैं; जिनके पास कहने को खेती का धन्धा होता है, किन्तु खेती की आमदनी शून्य के बराबर होती है। बड़े-बड़े किसानों की बात अलग है, क्योंकि कृषि के अधुनातन तरीकों, रासायनिक खाद आदि का प्रयोग करने के लिए उनके पास पर्याप्त साधन होते हैं, किन्तु छोटे किसानों को ये साधन उपलब्ध नहीं होते। वे काम करते हुए भी साल में आठ महीना बेकार रहते हैं, क्योंकि उन्हें खेतों पर कोई काम नहीं होता। इसलिए ग्रामों की बेकारी दूर करने के लिए यह आवश्यक है कि ग्रामों में नये-नये उद्योग, विशेषकर ग्रामोद्योग खोले जाएँ जिससे साल में उन्हें आठ महीने बेरोज़गार न रहना पड़े। कृषि की आधुनिकतम सुविधाएँ इन छोटे किसानों को उपलब्ध कराने से भी उनकी दशा सुधर सकती है। इस प्रकार कृषि सुधार और ग्रामोद्योगों से इन किसानों का उद्धार किया जा सकता है। गाँवों की तरह शहरों और कस्बों में भी लोग बेरोज़गारी के शिकार हैं। इसे मिटाने के लिए जरूरी है कि देश में एक ओर जहाँ बड़े-बड़े उद्योग प्रारम्भ किये जाएँ, वहीं लोगों में स्वदेशी की भावना भी पैदा की जाए। इससे लाखों-करोड़ों लोगों को काम मिलने लग जाएगा।

बेरोज़गारी का सबसे विकराल रूप शिक्षितों की बेरोज़गारी में देखने को मिलता है। शिक्षा संस्थानों से शिक्षा प्राप्त करके हजारों लोग प्रतिवर्ष बाहर निकलते हैं, किन्तु कोई काम न मिलने के कारण जीवन में निराश हो जाते हैं। वर्तमान शिक्षा-पद्धति भी इसके लिए जिम्मेदार है, क्योंकि वह युवकों में शारीरिक श्रम के प्रति विरक्ति पैदा कर देती है। रोज़गार के अभाव में शिक्षित युवक आत्मविश्वास, आत्मसम्मान, सहिष्णुता एवं उदारता आदि मावनीय गुण खो बैठता है। बेकार रहने से अच्छा आदमी भी बुरा, भ्रष्ट और बेईमान हो जाता है और उसके मस्तिष्क में तोड़फोड़ और समाज विरोधी कार्यों की भूमिका बनने लगती है। व्यक्ति कुण्ठाग्रस्त हो जाता है और सामाजिक अपराधों में वृद्धि होने लगती है।

देश में बेरोज़गारी दूर करने के कई उपाय सुझाये गये हैं। जैसे—जनसंख्या वृद्धि को रोकना, कुटीर तथा लघु उद्योगों का विकास, औद्योगीकरण, शिक्षा-प्रणाली में परिवर्तन, शारीरिक श्रम की प्रतिष्ठा आदि। इनमें शारीरिक श्रम की प्रतिष्ठा तभी सम्भव होगी जब लोगों के तत्सम्बन्धी दृष्टिकोण में परिवर्तन होगा।

देश की प्रगति का सबसे बड़ा अवरोध है बेरोज़गारी। प्रत्येक व्यक्ति जब तक अपनी रुचि, योग्यता, अनुभव और शिक्षा के अनुसार काम करने की सुविधाएँ नहीं पाता, तब तक देश की आर्थिक स्वाधीनता स्वप्न मात्र ही रहती है। सरकार को चाहिए कि इस भीषण समस्या के समाधान के लिए कोई बात उठा न रखे। जनता को चाहिए कि इस विषय में वह सरकार को पूरा सहयोग दे।

6. पर्यावरण प्रदूषण की समस्या

मनुष्य की भौतिक प्रगति ने संसार को जो विशेष समस्याएँ प्रदान की हैं, उनमें नवीनतम समस्या है—पर्यावरण-प्रदूषण की समस्या।

जब से मनुष्य ने प्रकृति में उपलब्ध भोजन पर निर्भर रहना छोड़ दिया और अपना भोजन स्वयं उगाने लगा, तभी से उसने प्राकृतिक पद्धतियों में दखल देना शुरू कर दिया। सभ्यता के विकास के साथ-साथ मानव और प्रकृति के सहज सन्तुलन में परिवर्तन आ गया। प्रकृति की सहज, नियत प्रतिक्रियाओं में मनुष्य ने हस्तक्षेप किया। वैज्ञानिक प्रगति ने मनुष्य को नये तीक्ष्ण औजार दे दिये, जिनको वह तोड़ने, फोड़ने, समेटने और सब कुछ अपने लिए हासिल करने के प्रयास में काम में लाने लगा। गत दो सौ वर्ष मनुष्य की लालसाओं के तांडव-नृत्य और इसके परिणामस्वरूप घायल धरती के विलाप की करुण-कथा का इतिहास है।

मानव और प्रकृति के सहज सम्बन्धों को सबसे अधिक ध्वस्त किया औद्योगीकरण ने, युद्धों ने और उपभोक्ता संस्कृति ने। औद्योगीकरण के अन्तर्गत अधिकाधिक विशालकाय उद्योगों की स्थापना हुई, जिनसे भारी मात्रा में वायु और जल प्रदूषित हो गया। युद्धों से उत्पन्न प्रदूषण का नवीनतम उदाहरण है—खाड़ी युद्ध के कारण पर्यावरण पर आया संकट। बेरोकटोक बढ़ती जनसंख्या का दबाव धरती, जल, वायु आदि सारे तत्त्वों पर पड़ा। अधिक जनसंख्या की बढ़ती आवश्यकताओं की पूर्ति के लिए प्रकृति का अधिकाधिक दोहन किया गया और अधिकाधिक कृषि उत्पादन के लिए अधिक उर्वरकों, रसायनों व कीटनाशकों का प्रयोग किया जाने लगा। इन सबका परिणाम हुआ वायु और जल का प्रदूषण, अम्ल-वर्षा, वनों का विनाश और नदियों, झीलों और झरनों की मृत्यु।

भारत में कितनी ही नदियाँ और झीलें प्रदूषण का शिकार बन गयी हैं। हैदराबाद की हुसैन सागर झील इसका उदाहरण है। चार सौ वर्ष पहले बनी इस सुन्दर झील में अब हर रोज औद्योगिक क्षेत्र का नाला हजारों गैलन ऐसा पानी लाता है जिसमें शीशा, जस्ता, पारा और अन्य विषाक्त रसायन घुला हुआ है। गंगा नदी इतनी प्रदूषित हो गयी है कि उसकी सफाई के लिए करोड़ों रुपये की लागत पर सरकार को एक प्राधिकरण स्थापित करना पड़ा। कल-कारखानों के बचाव के उपाय में ढील पड़ जाने से कितनी बड़ी विभीषिका उपस्थित हो जाती है, इसका उदाहरण है भोपाल की यूनियन कार्बाइड फैक्टरी में हुई गैस दुर्घटना। उस फैक्टरी की विशाल टंकी में से एक विषैली गैस रिसकर बाहर आयी और हवा में फैल गयी तो तीन हजार के लगभग स्त्री-पुरुष मौत के शिकार हो गये।

औद्योगिक क्रान्ति के बाद से हमारे प्राकृतिक संसाधन जैसे कोयला और तेल का दोहन खतरे की सीमा तक पहुँच गया है। दोनों ही समाप्ति के कगार पर हैं,

तेल कुछ पहले तो कोयला बाद में। इस स्थिति ने ऊर्जा के वैकल्पिक स्रोतों के बारे में गम्भीर रूप से सोचने के लिए हमें बाध्य कर दिया है।

जिसे हम नष्ट करते हैं, उसकी पूर्ति नहीं कर पाते और न ही प्रकृति उसे पहले की गति से पूरा कर पाती है। हमारे वर्तमान खनिज तथा जीवाश्म ईंधन के भण्डार को जमा करने में प्रकृत को लाखों वर्ष लगे हैं, परन्तु इन्हें समाप्त करने में हमें केवल चन्द शताब्दियाँ ही लगेंगी। लुटेरे और परभक्षी के रूप में हम अन्य सभी प्राणियों से आगे हैं। हाल के वर्षों मे प्रौद्योगिकी में जो प्रगति हुई है उसके कारण एक ओर तो दुर्लभ सामग्री की खपत तेज हुई दूसरी ओर उसने काफी अवांछित कचरे को जन्म दिया, जिसका निपटान करना मुश्किल हो गया है।

ऐसा प्रतीत होता है कि हाल के वर्षों में पर्यावरण की रक्षा और पारिस्थितिक संरक्षण की आवश्यकता के बारे में मानव की चेतना काफी जागृत हो गयी है। दुनिया भर में होनेवाली विरोध-रैलियाँ और जन-प्रदर्शन इस बात के संकेत हैं कि अमरीका, यूरोप आदि स्थानों में हरित आन्दोलन के प्रति जागरूकता आयी है। भारत में भी 'चिपको आन्दोलन' जैसे आन्दोलनों को देखकर पर्यावरण की सुरक्षा के सम्बन्ध में आशा बँधने लगती है।

7. दूरदर्शन

शिक्षा और मनोरंजन के क्षेत्र में दूरदर्शन अथवा टेलीविजन विज्ञान की एक महत्त्वपूर्ण देन है। इसका आविष्कार सन् 1926 में स्काटलैंड निवासी बेयर्ड ने किया था। तब से इसका बहुत सुधार और विकास हो चुका है। सिनेमा के समान चलती-फिरती तस्वीरें और ध्वनि का मेल इसकी विशेषता है। इसमें ध्वनि और प्रकाश दोनों का प्रसारण एकसाथ होता है। एक ओर रेडियो की तकनीकी का प्रयोग इसमें होता है तो दूसरी ओर दृश्य को विद्युत तरंगों में बदलकर प्रसारित करने के लिए टेलीविजन कैमरे का प्रयोग किया जाता है। इन ध्वनि और दृश्य तरंगों को टेलीविजन सैट पकड़कर गीतों, भाषण और दृश्यों में परिवर्तित कर देता है। इस प्रकार टेलीविजन का भी प्रसारण दो समानान्तर, किन्तु अधिक पेचीदी तकनीकों पर निर्भर रहता है।

टेलीविजन शब्द और दृश्य दोनों को साथ लेकर चलता है। जितना आँखों से देखी हुई घटना का प्रभाव मन-मस्तिष्क पर पड़ता है, उतना सुनी-सुनाई का नहीं। इसलिए रेडियो की तुलना में टेलीविजन कहीं अधिक सशक्त माध्यम है। घटनाओं के दृश्य रूप उन्हें समझने में सहायक होते हैं। किसी भी घटना को घटते देखकर जितनी आसानी से समझा और याद किया जा सकता है उतना सुनकर नहीं।

टेलीविजन पर दिखाये गये कार्यक्रमों को बच्चे और अनपढ़ लोग भी समझ लेते हैं। इस दृष्टि से शिक्षा के क्षेत्र में दूरदर्शन ने क्रान्ति उपस्थित की है। अब विद्यार्थी घर बैठे ही विभिन्न प्रयोगों को होता हुआ देख सकते हैं। किसी प्रसिद्ध वैज्ञानिक, शिक्षक, दार्शनिक या विचारक को देखते हुए उसके विचार सुन सकते हैं। दूरदर्शन पर कार्यक्रम देखकर ऐसा लगता है जैसे हमारे सामने सब कुछ यथार्थ रूप से घटित हो रहा है और हम प्रत्यक्षदर्शी हैं। हमें लगता है कि हम भी उस कार्यक्रम में भाग ले रहे हैं। दूरदर्शन पर फिल्में, नाटक, समाचार आदि प्रसारित किये जाते हैं जो मनोरंजन और ज्ञानवर्द्धक दोनों दृष्टियों से महत्त्वपूर्ण हैं।

वैज्ञानिक अनुसन्धान के क्षेत्र में भी दूरदर्शन का विशिष्ट स्थान है। चन्द्रमा पर भेजे गये अन्तरिक्ष यानों में दूरदर्शन यन्त्र लगाये गये थे और उन्होंने वहाँ से चन्द्रमा के बहुत सुन्दर चित्र पृथ्वी पर भेजे। जो अमरीकी अन्तरिक्ष यात्री चन्द्रमा पर गये थे, उनके पास भी दूरदर्शन कैमरे थे और उन्होंने पृथ्वी पर स्थित लोगों को भी चन्द्रमा के तल का दर्शन करा दिया। मंगल तथा शुक्र ग्रहों की ओर भेजे गये अन्तरिक्ष यानों में लगे दूरदर्शन-यन्त्रों ने उन ग्रहों के विश्वसनीय चित्र पृथ्वी पर भेजे हैं।

दूरदर्शन के कुछ दुष्प्रभाव भी देखने में आये हैं। जिस तरह की चीज़ें दूरदर्शन पर दिखायी जाती हैं, व्यक्ति उनसे प्रभावित होता है। उसी तरह सोचने-विचारने लगता है। उसकी अपनी स्वतन्त्र दृष्टि और विचार को हानि पहुँचती है। बच्चे विशेष रूप से इससे अधिक प्रभावित होते हैं। दूरदर्शन के कार्यक्रम देखने में दर्शकों की कोई सक्रिय साझेदारी नहीं होती। वे निष्क्रिय और मूक देखते रहते हैं। इससे आँखों और दूसरे अंगों पर प्रतिकूल प्रभाव हो सकते हैं। दूसरी बात यह है कि दूरदर्शन पर दिखायी गयी फिल्मों और दूसरे कार्यक्रमों से बच्चे बुरी बातें जैसे फैशन, चालाकी आदि तो जल्दी ग्रहण करते हैं, लेकिन अच्छी बातें नहीं। दूरदर्शन पर दिखाये जाने वाले कार्यक्रम प्रायः लोकरुचि को ध्यान में रखकर दिखाये जाते हैं, परिष्कार की दृष्टि से नहीं। बच्चे दूरदर्शन के कार्यक्रमों के इतने शौकीन हो जाते हैं कि अन्य जरूरी कामों के प्रति लापरवाही बरतते हैं।

दूरदर्शन चाहे लाभकारी हो, चाहे हानिकारक, आधुनिक जीवन का वह एक अभिन्न अंग बन गया है। उसकी उपयोगिता इस बात पर निर्भर है कि उससे प्रसारित होनेवाले कार्यक्रम किस प्रकार के हैं। रोचक, ज्ञानवर्द्धक और चरित्र निर्माणकारी कार्यक्रमों के प्रसारण से उसकी उपयोगिता बढ़ेगी। उसके सदुपयोग पर हमें ध्यान देना होगा।

8. समाचार-पत्र

आधुनिक युग में समाचार-पत्रों का विशेष महत्त्व है। समाज, देश और विश्व

में घटनेवाली प्रतिदिन की घटनाओं का प्रामाणिक विवरण समाचार-पत्र द्वारा ही मिल सकता है। लोकतन्त्र की सफलता के लिए भी समाचार-पत्र अनिवार्य है।

छपाई के आविष्कार के बाद ही समाचार-पत्र का जन्म हुआ था। सन् 1609 में जर्मनी के स्ट्रासबर्ग शहर में 'रिलेशन' नाम से संसार का सर्वप्रथम समाचार-पत्र प्रकाशित हुआ था। सन् 1780 में कलकत्ता से प्रकाशित 'बंगाल गजट' भारत का सर्वप्रथम समाचार-पत्र था। सन् 1826 में कलकत्ता से ही प्रकाशित 'उदन्त मार्तंड' हिन्दी का पहला समाचार-पत्र था। भारत के अंग्रेजी समाचार पत्रों में टाइम्स ऑफ इण्डिया, हिन्दुस्तान टाइम्स, इण्डियन एक्सप्रेस और हिन्दू आदि प्रसिद्ध हैं। भारतीय भाषाओं के पत्रों में नवभारत टाइम्स, हिन्दुस्तान, आज, मलयाला मनोरमा, मातृभूमि, आनन्द बाजार पत्रिका आदि प्रसिद्ध हैं। सारे संसार में सबसे अधिक प्रसार संख्यावाला समाचार-प्त्र है जापान का 'योमिडरी शिम्बुन', जिसकी प्रसार संख्या एक करोड़ पैंतालीस लाख के लगभग है।

समाचार-पत्रों में छपनेवाले समाचार कई स्रोतों से प्राप्त होते हैं। सच्चे समाचार जुटाने में समाचार एजेंसियों का जाल बिछा हुआ है। यूरोप की 'रायटर', इंग्लैण्ड की 'बी.बी.सी.' और रूस की 'तास' ऐसी महत्त्वपूर्ण संस्थाएँ हैं, जो अपनी प्रामाणिकता के लिए प्रसिद्ध हैं। इनके संवाददाता हर देश में विद्यमान हैं। ये स्थान-स्थान से समाचार-पत्रों का संग्रह करके तार, टेलीफोन या डाक द्वारा अपने कार्यालय में समाचार पहुँचाते हैं, जहाँ से टेलीप्रिंटर की सहायता से समाचार-पत्रों के कार्यालयों में ये समाचार स्वयं ही टाइप होते रहते हैं। इन समाचारों को एकत्र कर सम्पादक आवश्यकतानुसार इनको संक्षिप्त या विस्तृत रूप देता है। इस प्रकार संशोधित होने के बाद ये समाचार-पत्रों में छपकर पाठकों तक पहुँचते हैं।

समाचार-पत्रों में अनेक प्रकार की खबरें होती हैं। राजनीति सम्बन्धी ख़बरों को आजकल सर्वाधिक महत्त्व दिया जाता है। आधुनिक जीवन को सर्वाधिक प्रभावित करनेवाले राजनीतिक नेता ही होते हैं। अतः यह स्वाभाविक है कि राजनीतिक खबरों को समाचार-पत्रों में प्राथमिकता दी जाती है। इसके बाद डाके, हत्या और चोरी आदि सनसनीखेज घटनाओं का ज़िक्र रहता है। इनके अलावा प्रमुख समाचार-पत्रों में व्यापार, खेल आदि के लिए अलग-अलग पृष्ठ नियत होते हैं।

समाचारों के अलावा समाचार-पत्रों में दो अन्य प्रमुख स्तम्भ भी होते हैं। एक स्तम्भ है, सम्पादक के अग्रलेख का, जिसमें किसी महत्त्वपूर्ण विषय को लेकर उसके बारे में सम्पादक अपनी सम्मति प्रकट करता है। इस अग्रलेख को पढ़कर पाठक इस विषय पर अपना विचार बना सकता है। इस प्रकार समाचार-पत्र किसी भी विषय में जनता की सम्मति को किसी खास दिशा में मोड़ने में सहायक होते हैं। सम्पादकीय स्तम्भ के अतिरिक्त एक पाठकीय स्तम्भ भी होता है, जिसमें पाठकों के विचार प्रकाशित किये जाते हैं।

लोकतन्त्र में समाचार-पत्रों का विशेष महत्त्व है। किसी विषय पर जनमत को बनाने या बिगाड़ने में वे सक्षम हैं। चुनाव के अवसर पर किसी पक्ष को जिताने या हराने में उनका बड़ा हाथ होता है। इसलिए लोकतान्त्रिक देशों में सभी बड़े-बड़े राजनीतिक दल अपने-अपने समाचार-पत्र प्रकाशित करते हैं। समाचार-पत्रों के हाथ में बहुत बड़ी शक्ति है। प्रभावशाली पत्र किसी भी प्रश्न के पक्ष या विपक्ष में आन्दोलन खड़ा कर सकते हैं और जनमत को जागृत करके सरकार को अपनी बात मनवाने के लिए विवश कर सकते हैं। भारत के स्वाधीनता-संग्राम में देश के समाचार-पत्रों ने महत्त्वपूर्ण योगदान दिया था। जनता और सरकार के बीच एक माध्यम के रूप में भी समाचार-पत्र कार्य करते हैं।

समाचार-पत्रों में जहाँ एक ओर इतनी बड़ी शक्ति है, वहाँ दूसरी ओर उन पर बहुत बड़ी जिम्मेदारी भी है। जनमत के निर्माता होने के कारण वे जनता को सही या गलत रास्ते पर ले जा सकते हैं। इससे स्पष्ट है कि अगर समाचार-पत्र अपनी जिम्मेदारी को समझकर अपनी शक्ति का सदुपयोग करें तो राष्ट्र और समाज की प्रगति निश्चित है।

9. साहित्य और समाज

विद्वानों ने 'साहित्य' शब्द की कई परिभाषाएँ दी हैं। इन परिभाषाओं के आधार पर हम कह सकते हैं कि साहित्य जीवन और जगत् के सौन्दर्य की भावमयी झाँकी है जिसमें सौन्दर्य और शिव तत्त्व का समावेश होता है। साहित्य मूल रूप से सौन्दर्य का पक्षपाती है, किन्तु वह समाज को नहीं भुला सकता। साहित्य और समाज का परस्पर सम्बन्ध है।

जब हम साहित्य और समाज का परस्पर सम्बन्ध स्वीकार कर लेते हैं, तो यह भी मानना पड़ता है कि साहित्य के मूल में वे ही प्रेरणाएँ काम करती हैं, जो जीवन के मूल में।

साहित्य की रचना का मुख्य आधार सामाजिक जीवन है, इसीलिए आचार्य महावीर प्रसाद द्विवेदी ने लिखा है कि साहित्य समाज का दर्पण है। इस कथन का अभिप्राय यह है कि जिस प्रकार की सामाजिक व्यवस्था और परिस्थितियाँ होती हैं उसी प्रकार साहित्य अपना स्वरूप धारण करता है। यदि हम किसी समाज की वास्तविक स्थिति देखना चाहते हैं तो हम उसके तत्कालीन साहित्य को पढ़कर देख सकते हैं। जैसे वीरगाथा काल वीरता और शौर्य का युग था, इसलिए उस समय का साहित्य वीरता का साहित्य था। इसी प्रकार भक्तिकाल के साहित्य में भक्ति का तथा रीतिकाल के साहित्य में विलासिता का प्रभाव स्पष्ट है। इसके बाद वह युग आया जब राष्ट्रीयता की भावना उत्पन्न हुई, उस समय हमारे कवियों ने राष्ट्रीयता के गीत गाये। भारतेन्दु, मैथिलीशरण गुप्त, जयशंकर प्रसाद, निराला, दिनकर आदि कवियों

की रचनाओं में जन-जागृति के स्वर मुखरित हुए। प्रेमचन्द जैसे कथाकारों ने समाज के जीवन का सजीव चित्रण अपनी रचनाओं में अंकित किया है। इस प्रकार हम देखते हैं कि हिन्दी साहित्य में प्रत्येक युग के सामाजिक जीवन का सजीव चित्रांकन हुआ है।

साहित्य समाज का प्रतिरूप ही नहीं होता वरन् उसमें समाज के पथ-प्रदर्शन की शक्ति होती है। साथ ही उसमें विकसित होकर उसे आश्रय देने की क्षमता होती है। साहित्य पढ़कर हम चिरकाल के अर्जित ज्ञान को अल्पकाल में प्राप्त कर लेते हैं। इससे मनुष्य की चिन्तक शक्ति बढ़ती है। विज्ञान के इस युग में साहित्य के प्रेरक बिन्दु बदल गये हैं, उसकी शक्ति और सीमा बदल गयी है। विज्ञान ने साहित्य को नयी दिशा दी है। इस दिशा में नयी भाषा, नयी भावनाएँ और नये आदर्श विज्ञान की ही देन हैं।

साहित्य में जो जीवनदायिनी शक्ति है, वह किसी औषधि में नहीं। वास्तव में, यदि साहित्य न होता तो समाज और देश का कल्याण नहीं हो सकता था। साहित्य का मुख्य उद्देश्य आनन्द द्वारा राष्ट्र और समाज का हित करना है। साहित्य में जो अनिर्वचनीय आनन्द है वह साधना के कठिन मार्ग में नहीं। जिस प्रकार पौष्टिक भोजन से हमारा शरीर वलिष्ठ और परिपुष्ट होता है उसी प्रकार सत्साहित्य से हमारी बुद्धि बढ़ती है। साहित्य हमारी वृत्तियों को पवित्र करके हमारे संस्कारों को उज्ज्वल बनाता है और उसमें विविध गुण भरता है।

इस प्रकार हम कह सकते हैं कि साहित्य और समाज परस्पर पूरक हैं। एक-दूसरे के लिए दोनों का सापेक्ष महत्त्वपूर्ण है। साहित्य की जीवनदायिनी प्रेरक शक्ति समाज के लिए अमूल्य वस्तु है। साहित्य का अनिर्वचनीय आनन्द समाज को उल्लसित करने के साथ महान प्रेरणा और सन्देश भी प्रदान करता है। किसी देश की सभ्यता और संस्कृति की महानता का परिचय उस देश के साहित्य से ही मिलता है।

उपर्युक्त विवेचन से स्पष्ट है कि साहित्य और समाज का घनिष्ठ सम्बन्ध है। दोनों एक-दूसरे के पूरक हैं और दोनों में से किसी एक की उन्नति या अवनति दूसरे पर प्रतिबिम्बित हुए बिना नहीं रहेगी।

10. विज्ञान और जीवन

आधुनिक युग में विज्ञान का प्रभाव सर्वत्र लक्षित होता है। इसका प्रभाव क्षेत्र दिन-प्रतिदिन बढ़ता जा रहा है। विज्ञान ने एक ओर मनुष्य के लिए भौतिक सुख-साधनों का अम्बार जुटा दिया है तो दूसरी ओर उसके जीवन को जटिल, विषम और यन्त्रणायुक्त भी बना दिया है।

विज्ञान अपने हजारों आविष्कारों द्वारा मनुष्य की सेवा कर रहा है। आकाश

में चमककर भयभीत करनेवाली तथा गिरकर विनाश करनेवाली बिजली को ही लीजिए। उसे मनुष्य ने अपने बुद्धि-कौशल से अपनी सेवा में नियुक्त कर लिया है। विद्युत के आविष्कार ने जीवन की सुख-सुविधाओं में क्रान्ति उपस्थित कर दी है। हमारे दैनिक कार्य विद्युत के द्वारा ही सुविधाजनक ढंग से पूरे किये जाते हैं। मकानों को वातानुकूलित करने में विद्युत या बिजली का ही सहयोग लिया जाता है। आज भोजन पकाना, रेडियो पर संगीत सुनना, दूरदर्शन, पंखा, चित्रपट, गाड़ियाँ तथा बड़ी-बड़ी मशीनों के संचालन के लिए बिजली ही मुख्य आधार बनी हुई है। आधुनिक युग का औद्योगिक तथा आर्थिक विकास बिजली पर ही निर्भर करता है।

विज्ञान ने नाना प्रकार के यन्त्रों का आविष्कार किया है, जो मनुष्य को अपेक्षित सहयोग दे रहे हैं। छपाई की मशीन ने ज्ञान को सार्वजनिक बनाया है। कृषि-यन्त्रों के आविष्कार से संसार में व्याप्त भुखमरी तथा अकाल से निपटने में काफी सहायता पहुँची है। यातायात और संचार के क्षेत्र में हुई वैज्ञानिक प्रगति ने इस दुनिया को छोटा बना दिया है। प्राचीन काल में यातायात के मुख्य साधन थे—घोड़े, बैलगाड़ी आदि। आज वैज्ञानिक आविष्कारों के कारण यातायात के साधनों में क्रान्ति उपस्थित हो गयी है। रेल, मोटर, वायुयान तथा जलयान आदि वैज्ञानिक साधनों ने दूरियाँ कम कर दी हैं। संचार के साधनों ने यातायात के क्षेत्र में रही कमी को पूरा कर दिया है। आज घर बैठे टेलीफोन की सहायता से हजारों मील दूर बैठे अपने मित्र या रिश्तेदार से तत्काल बात कर सकते हैं। तार और केबिल के द्वारा शीघ्र समाचार भेज सकते हैं। रेडियो पर देश-विदेश के समाचार सुन सकते हैं तथा दूरदर्शन पर घटनाओं को भी देखा जा सकता है। वैज्ञानिक आविष्कारों से मनोरंजन के क्षेत्र में भी मनुष्य लाभान्वित हुआ है। रेडियो, दूरदर्शन, सिनेमा आदि उदाहरण हैं।

जीवन का प्रत्येक क्षेत्र, आज विज्ञान से प्रभावित है। घड़ियाँ हमें समय बताती हैं, गैस और स्टोव हमें भोजन बनाने में सहयोग दे रहे हैं। चिकित्सा के क्षेत्र में एक क्रान्ति उपस्थित हो गयी है। शल्य-चिकित्सा के द्वारा हृदय तथा मस्तिष्क जैसे जटिल अंगों का प्रतिरोपण, प्लास्टिक सर्जरी, एक्स-रे आदि विज्ञान की ही उपलब्धियाँ हैं।

विज्ञान का दूसरा पक्ष बड़ा ही भयानक है। एक ओर विज्ञान ने जीवन के हर क्षेत्र में मनुष्य के लिए उपयोगी कार्य किये हैं तो दूसरी ओर उसने विध्वंस के साज-सामान भी तैयार कर दिये हैं। अणु बम जैसे विनाशकारी शस्त्रों का निर्माण सम्पूर्ण मानव जाति के लिए खतरे की घंटी है। अन्य क्षेत्रों में भी विज्ञान मनुष्य के लिए अभिशाप सिद्ध हो रहा है। कम्प्यूटरों ने उसकी स्मरण शक्ति छीननी शुरू कर दी है। कई प्रकार की औषधियों ने मनुष्य की रोगों से लड़ने की क्षमता को कम दिया

है। वैज्ञानिक प्रगति से उत्पन्न औद्योगीकरण ने पर्यावरण के प्रदूषण को बढ़ावा दे दिया है।

उपर्युक्त विवेचन से स्पष्ट है कि विज्ञान के सृजनात्मक और संहारात्मक दोनों पक्ष होते हैं। विज्ञान के सदुपयोग पर ही मानवता का भविष्य निर्भर करता है। इसके लिए मनुष्य को चाहिए कि वह बौद्धिक विकास के साथ-साथ मानवीय मूल्यों की ओर भी ध्यान दे। दूसरे शब्दों में, विज्ञान और अध्यात्म के समन्वय से मानवता का कल्याण सुनिश्चित किया जा सकता है।

□□